Mulheres e poder no Alto Sertão da Bahia

A escrita epistolar de Celsina Teixeira Ladeia
(1901 a 1927)

Mulheres e poder no Alto Sertão da Bahia
A escrita epistolar de Celsina Teixeira Ladeia
(1901 a 1927)

Marcos Profeta Ribeiro

Copyright© 2012 Marcos Profeta Ribeiro

Grafia atualizada segundo o Acordo Ortográfico da Língua Portuguesa de 1990,
que entrou em vigor no Brasil em 2009.

Publishers: Joana Monteleone/ Haroldo Ceravolo Sereza/ Roberto Cosso
Edição: Joana Monteleone
Editor assistente: Vitor Rodrigo Donofrio Arruda
Projeto gráfico e diagramação: Sami Reininger
Revisão: João Paulo Putini
Assistente de produção/capa: Allan Rodrigo

Imagens capa/contracapa: Celsina Teixeira. Acervo do Arquivo Público Municipal de Caetité. PH Reads,
s/d; Família Teixeira. Acervo da "Casa Anísio Teixeira". Autoria desconhecida, 1907, data estimada.

Este livro foi publicado com o apoio da Fapesp.

CIP-BRASIL. CATALOGAÇÃO-NA-FONTE
SINDICATO NACIONAL DOS EDITORES DE LIVROS, RJ

R37m

Ribeiro, Marcos Profeta
MULHERES E PODER NO ALTO SERTÃO DA BAHIA:
A ESCRITA EPISTOLAR DE CELSINA TEIXEIRA LADEIA (1901 A 1927)
Marcos Profeta Ribeiro.
São Paulo: Alameda, 2012.
228p.

Inclui bibliografia
ISBN 978-85-7939-122-4

1. Ladeia, Celsina Teixeira, 1877-1979 - Correspondência. 2. Mulheres - Brasil -
Biografia. 3. Mulheres - Condições sociais - Bahia - História. I. Título.

12-0725. CDD: 920.72
CDU: 929-055.2

033084

Alameda Casa Editorial
Rua Conselheiro Ramalho, 694, Bela Vista
CEP: 01325-000 – São Paulo – SP
Tel (11) 3012-2400
www.alamedaeditorial.com.br

Aos queridos
Oranides G. Pereira (avó)
Elias Profeta Ribeiro (Tio Baiano) e a
Tia Edneia
In memorian

Ao meu filho Andrei

Sumário

Apresentação 9

Prefácio 13

Introdução 23

Capítulo I - O Alto Sertão baiano através 43
das correspondências pessoais

Espacialidade e ações 45

Capítulo II - Entre receber e responder: as ações femininas 69

"Em outra ocasião responderei, 71
não fazendo agora por falta de tempo"

Capítulo III – Trajetórias 87

Parte I - Traços da educação feminina no Alto Sertão baiano 89

"Vanvam e Tilinha vão bem, na mesma vida 89
daí, às voltas com as costuras"

A outra escola feminina – "Yaya, na lida da casa, para o que tem 108
muito gosto; assim tivesse um pouco de método..."

Parte II - Percepções e ações de Celsina Teixeira 127

"Não devo um real em loja alguma, ou antes, 127
não tenho conta em nenhuma"

Entre previsões e provisões: "Não precisava deste dinheiro aqui, 139
pois, é com que tenho que gastar no ano vindouro..."

Entre praças, casas, igrejas e fazendas, a distribuição do tempo: 156
"A Associação é para os de boa vontade ou
que saibam distribuir o tempo!"

Parte III - Omissões voluntárias da escrita feminina 181
"Recordo-me de toda minha vida e fico 181
a fazer ligações com o presente!..."

Considerações finais 203

Agradecimentos 209

Referências Bibliográficas 215
Documentos 217
Livros, teses e artigos 221

Apresentação

MARCOS PROFETA RIBEIRO EXTRAI DE RICA MISSIVA, trocada no intervalo de 1901 a 1927, parte significativa da variada experiência vivida por Celsina Teixeira (1887-1979), fazendeira do alto sertão baiano, filha do coronel Deocleciano Pires Teixeira e de Ana Spínola Teixeira. Reconstitui a sua trajetória sublinhando o feixe de relações onde se entrelaçaram as suas ações como mulher, esposa, mãe, fazendeira, dirigente de instituição de caridade... Papéis sociais cumpridos ao lado dos exigentes cuidados das enfermidades que acometeram o seu marido José Antônio Gomes Ladeia e o seu filho Edvaldo Teixeira Ladeia, falecidos em 1926 e 1945, respectivamente. Percorrendo muitos dos momentos da sua vida, apresenta neste livro algumas das possibilidades vividas por Celsina, levando-nos a pensar em possibilidades perdidas... Ao passo que acompanha e circunscreve a trajetória de sua personagem, traça minuciosamente a vida social no alto sertão baiano na entrada de um novo século. Nessa direção, revela impasses, contradições, conflitos, improvisos e arranjos vividos na dimensão do cotidiano, tratados pelo viés da História Social.

Apresenta Celsina Teixeira focalizando influências do seu tradicional meio familiar e social na transmissão de valores coletivos, forjados pelo caráter dramático que marcou a sua vida. Extrapola compreensões de atipicidades de papéis femininos ao identificar um rol de mulheres na mesma condição, conduzindo negócios de fazendas, comércio, finanças, conciliando essas atividades com as lides domésticas. Marcos Profeta redimensiona noções de patriarcalismo ao desocultar instâncias de poder que extrapolam a prevalência masculina nas esferas públicas e privadas: "Nas correspondências, o aspecto eminentemente político das atuações femininas se faz sentir em diversas situações: nas determinações sobre destinos profissionais, no estabelecimento de estratégias matrimoniais, na relação bastante tensa com empregados das casas e fazendas, na organização orçamentária e investimentos financeiros, na atuação beneficente etc."

Relativiza o peso de "costuras e bordados" ou de "bandolins e pianos" a serviço de "uma submissão alienante" (Soihet, 1998). A trajetória de Celsina Teixeira e outras tantas mulheres do alto sertão atestam subversões da dominação, reveladas graças a arguta sensibilidade interpretativa desse *historiador feminista*. Marcos Profeta responde convincentemente a indagação "Os arquivos privados, outro sótão da história, fornecem outras informações?" (Perrot, 1989): "faziam em suas cartas comentários sobre política, festas religiosas, eventos de caridade, funerais, e, sobretudo, tratavam de negócios comerciais e de venda de gado. Antes mesmo da morte de seus maridos, elas se mostraram bastante ativas nos negócios."

As trocas de vasta correspondência compreendem diversos momentos de sua vida, incluindo aqueles que envolveram deslocamentos para Salvador e Rio de Janeiro, expondo redes de sociabilidades cotidianas, condições de transporte e comunicação, as duras secas que afligiram o sertão e forçavam alternativas para todos aqueles que ali viviam.

Apoiado pelas noções de "espaço de experiência" e "horizonte de expectativa" (Kosselleck, 2006), o autor trata as ações de sua personagem de modo retrospectivo e prospectivo, acentuando o acaso, o *vir a ser*, inerente à existência humana. Mostra como os desafios conduzem redefinições e imprimem novas direções à vida de sujeitos sociais constituídos no tempo, no sentido thompsiano do "fazer-se". Rompe, nessa medida, com ideias equivocadas de unidade, de coerência ou de linearidade da vida.

Este livro, por fim, escapa à tentação da escrita laudatória. Na condição de historiador, Marcos Profeta examina o quanto as cartas omitem, silenciam, manifestam intenções, projetos e anseios pessoais e de classe. Mais que isso, nos convence que através da escrita epistolar é possível percorrer mais que intimidades, mas revelar a constituição de relações sociais e de poder na dimensão da vida cotidiana.

Profa. Dra Maria de Fátima Novaes Pires (UFBA)

Prefácio

ESTE LIVRO ABORDA a correspondência epistolar e as sociabilidades de uma fazendeira do Alto Sertão da Bahia, trazendo uma contribuição importante para os estudos das relações de gênero, ao elaborar com sutileza o seu espaço de autonomia, ocultado pelo discurso ideológico dos papéis prescritos para as mulheres de elite. Marcos demonstra uma extraordinária vocação para a interpretação histórica aos nos revelar os parâmetros nos quais Celsina Teixeira se enquadrava e através de que silêncios e ocultamentos exercia sua vontade, sua energia de administradora dos negócios e de mulher atuante na política local. É interessante como, justamente através da palavra escrita, o autor faça com tanto sucesso a crítica dos valores culturais que atribuíam às mulheres espaços pouco privilegados na sociedade. O autor trabalha com recursos sofisticados as fímbrias e os espaços existentes entre os papéis normativos prescritos pela Igreja, pela cultura, pelas tradições das elites em oposição á sua vida quotidiana, em meio às vicissitudes econômicas e climáticas do Alto Sertão da Bahia, entre 1901 e 1927.

De leitura muito agradável, este livro revela as qualidades intelectuais de um pesquisador feminista, o que de *per si* surpreende, mas não tanto quanto nos causa impacto o seu modo peculiar de escrever aprofundando as contradições das cartas, reveladoras da vida de grandes desafios econômicos das famílias de elite do sertão, da enorme pressão representada pelas secas e pelo clima inóspito e imprevisível da região, a exigir de uma mentalidade tradicional e religiosa imensa capacidade improvisadora. O autor, a partir de uma escrita apurada e ao mesmo tempo extremamente sensível para com indícios os mais tênues e às frases as mais reveladoras, procede a um exercício de interpretação arguto e ardiloso. Concentra-se em minúcias dos textos das cartas, demora-se em pequenas frases, referências sutis. Inspirado pela epistemologia feminista e pelos textos inovadores de Michel de Certeau, extrai das correspondências os indícios das tensões e dos não ditos que perfazem o espaço da autonomia do indivíduo, em meio às exigências do quotidiano e das amarras do grupo familiar.

É este o modo como o historiador mergulha nas cartas escritas por/para Celsina Teixeira Gomes Ladeia para documentar as tensões e os desafios que enfrentou na sua vida de esposa, mãe, fazendeira, mulher de negócios e fundadora da Associação das Senhoras de Caridade de Caetité, em 1919. Passo a passo, através da leitura das cartas, aprofunda as múltiplas contradições existentes entre o prescrito e o vivido, nos meandros da casa onde Celsina foi criada, evitando qualquer deslize com relação aos estereótipos sempre presentes enquanto referências equivocadas, mas muito frequentes, tais como mulher enclausurada, passiva, bondosa, dedicada às prendas domésticas. O seu sucesso se deve ao modo como explora em seu trabalho de pesquisa a urdidura composta pelo sujeito, pela linguagem e pelas experiências vividas no devir histórico através de suas possibilidades e articulações improvisadas no dia a dia.

Celsina Teixeira, irmã de Anísio Teixeira, nasceu de um casamento estratégico entre um fazendeiro e político poderoso de Caetité com Ana Spínola, esta, filha de um fazendeiro de Lençóis, na Chapada Diamantina. Marcos Profeta persegue nas suas fontes o lento desvendar das aparências, o desocultar cuidadoso do não dito, de modo a nos conduzir à compreensão de como, do meio mais tradicional dessa região e em plena época de crise econômica, emergiu uma mulher como Celsina, de pulso firme, autoritária, excelente administradora dos negócios da sua família. Nas correspondências (escreve o autor), "o aspecto eminentemente político das atuações femininas se faz sentir em diversas situações: nas determinações sobre destinos profissionais, no estabelecimento de estratégias matrimoniais, na relação bastante tensa com empregados das casas e fazendas, na organização orçamentária e investimentos financeiros, na atuação beneficente etc."

Relata, em 1909, as circunstâncias do casamento de Celsina com o neto do Barão de Caetité, também fruto de estratégias de poder das mais convencionais. Através da correspondência de Celsina com seu marido farmacêutico e fazendeiro, mergulha nos meandros de sua vida caseira, no modo como tratava as domésticas e escrutina seus livros de contabilidades onde anotava despesas e planejava investimentos para dar conta das vicissitudes do meio em que atuou como mulher de elite, fazendeira, mulher de negócios e filantropa.

A partir da abundante escrita epistolar, que elegeu como sua fonte, Marcos Profeta estuda a educação das meninas de elite do sertão baiano. Poucos investimentos eram feitos no currículo escolar e todo um aprendizado recôndito, porém essencial, se processava através do convívio doméstico. O historiador resgata os meandros sempre implícitos, sempre silenciados do aprendizado dos ofícios de administrar empregados e cuidar da receita e da união da família. O fenômeno em si das cartas, escritas com tamanha profusão, era um indício da importância de conter desentendimentos, tensões, de manter uns informados da vida dos outros e de estar sempre planejando ocasiões de encontros e reforçando a importância da solidariedade entre os membros familiares: "Acho que tudo isso foi instigado por Madrª Sisenanda. São de uma franqueza cruel, e de uma indiscrição terrível", reclamava em carta de 29 de agosto de 1916. Celsina vinha de um meio estritamente tradicional, onde os papéis familiares e as estratégias de poder da família se repetiam na vida de suas irmãs e na sua própria vida da mesma forma como se dera nas gerações de sua mãe e de sua avó, ou quase.

Após seu casamento, passou a acompanhar o marido nas viagens a cavalo entre suas duas moradas (cidade e fazenda), relativamente distantes uma da outra, participando, como se entrevê de sua correspondência, de todos os problemas das fazendas, envolvendo-se nas decisões e providências a tomar, seja com relação aos empregados, ou face às contínuas e imprevisíveis secas que assolavam a região.

Em muitas cartas, Celsina se refere à expectativa das chuvas e aos preparos para a seca, tais como consertar caldeirões, cisternas, encher os tanques para garantir água e armazenar gêneros alimentícios. Acompanhava com meticulosa atenção os indícios de alta dos preços, o agravamento da seca e o aumento dos grupos de retirantes que partiam para São Paulo. Era uma personagem atenta a todos os eventos das fazendas, da cidade e da região, que registrava ao mesmo tempo por necessidade e também por precaução. O historiador cita uma carta de Celsina escrita para o marido, em 1913:

> Depois de muitos dias de grande calor, hoje estão-se formando bonitas armações, promettedoras de chuvas. O povo continua a sair para S. Paulo: de hontem para hoje, dizem que vão sair perto de 60 pessoas... Os gêneros estão subindo; farinha, na feira passada deu a 7 e 8 litros; arroz a litro e meio e 2 litros; feijão, o mesmo. Muitos estão comprando para guardar (...)

Celsina revela-se mulher de negócios traquejada, ciente das variações dos preços de gado, capaz de aproveitar as melhores ofertas e de recusar oportunidades de risco: "O Chicão, que aqui está, quer comprar o nosso, porém, não vendi; por não me inspirar confiança (...)". Em outra carta para o marido, afastava uma proposta pouco interessante: "Achei-os caros, se são como o Sr. diz a 180$ - Assim não me convem compral-os, deixe ver se baixam mais. Não vale a pena comprar do que a 120$".

A partir da doença do marido, que se manifestou inicialmente em 1916, levando-o à paralisia e à lenta perda das faculdades mentais, assumiu os negócios, o cuidado do marido doente e a administração das fazendas. Ao se referir às viagens do marido para tratamento em Salvador e no Rio, comentava com seu pai que tinha poucas esperanças: "Parece que a cada dia augmenta o esquecimento e a passividade". Celsina multiplicou seus afazeres entre as fazendas, as várias casas, o filho e a Associação de Caridade, que fundou em 1919. "Tenho uma vida muito trabalhosa", escrevia em resposta ao irmão que a censurava por assumir a fundação: "A Associação é para os de boa vontade ou que saibam distribuir o tempo!" Entre seus múltiplos afazeres, não mais se descuidou da Associação de Caridade em Caetité, da qual era presidente e de que participavam suas irmãs e primas. Esta associação era fruto de sua participação na vida local e envolvia contatos com os homens influentes da região. Era a sua forma de interferir na política local e de intervir no processo avassalador de empobrecimento dos sertanejos:

> Urge actualmente um bom auxilio para que a nossa Associação consiga realisar o seu fim que é a fundação de uma 'Santa Casa de Caridade'. Há muitos annos que venho dirigindo esta associação, que, graças a Deus, vai cumprindo a sua finalidade em auxiliar os pobres, enfermos e desvalidos – Mantemos uma assistencia a 24 desvalidos. Quasi todos os dias mandamos aviar receitas para os doentes pobres, e sempre estamos auxiliando com esmolas avulsas em din.° e roupas a mto. pobresinhos que procuram a nossa associação (...).
> Carta de 1º de abril de 1929 ao Conselheiro Braulio Xavier

Marcos Profeta aprofunda o papel social do costume de escrever cartas. Analisa passo a passo a superfície das linhas sempre tomadas por necessidades do grupo familiar, enquanto a personalidade própria, arroubos da individualidade, momentos de incerteza e de dúvidas eram cuidadosa e sistematicamente silenciados. Celsina Teixeira mantinha correspondência com as irmãs, cultivava pequenas novidades, no sentido de manter o contato permanente com a família e a parentela, como se elegesse como missão cultivar a união da família, saber dos apaniguados e dos compadres políticos.

Em quase trinta anos de correspondência, a sua individualidade somente aflora nas cartas após a morte do marido, quando caiu em depressão e ficou doente. Recebera muitos cumprimentos, muitos elogios acerca de sua dedicação incansável durante os dez anos de doença dele; ela parecia se confortar com a missão cumprida, mas de repente as lembranças de toda sua vida pareciam sem sentido. Eram sentimentos que se deviam calar, intimidades que exigiam ocultamento, mas abriu-se em uma carta para a irmã e outros parentes. Sentia que perdia a fé em Deus. O irmão Mário foi severo com seu momento de fraqueza. "Quem sabe em vez de cumprir a vontade de Deus, tivesse por vaidade ganhado o seu coração amôr ao sacrifício pelo sacrifício, a dôr pela dôr". Chamou sua atenção para os desafios que se apresentavam em sua nova vida. A vontade de Deus poderia ser até mais difícil de ser cumprida porque estava mais livre... E arrematava, admoestando a irmã: "Hoje lhe faltará esse faet predominante que tudo governa. Mais livre a obra, ella sera mais difficil..."

Na sua juventude, quando uma de suas irmãs tomara a decisão de ser freira, gerando oposição ferrenha por parte de sua mãe, Celsina se pusera inteiramente ao lado da irmã, demonstrando independência e capacidade de revidar a vontade materna.

Dos livros de contas arduamente elaborados pela fazendeira, e argutamente reinterpretados por Marcos Profeta, descortinamos outras peculiaridades da vida das famílias ricas do Alto Sertão da Bahia. Uma capacidade extraordinária de economizar, de antecipar o imprevisível, de reservar dinheiro e recursos para o ano vindouro, prevendo a possibilidade de uma seca, doenças do gado, ou elevações do preço dos animais e dos alimentos. Os gastos com alimentação ocupam um lugar destacado nas despesas da família, evidenciando o quanto eram caros os gêneros alimentícios. Em contraposição, o total dos gastos com vestimentas, mobiliário e combustível parece mais baixo do que seria de se esperar de uma fazendeira carioca ou paulista. O alto custeio das fazendas também documenta uma época de grave crise econômica que viveu a região após a Abolição. A margem de lucro parece pequena, face a extensão dos negócios da família que se diversificavam entre terras, gado, ações e apólices de seguro.

Entre 1910 e 1920, as relações com os empregados, ex-escravos, vaqueiros e pequenos sitiantes pareciam endurecer. Celsina era fazendeira enérgica e autoritária. Queria saber por que os requeijões eram poucos,

se tinham sido feitos com higiene. Controlava com mão de ferro o administrador e os agregados da fazenda:
Sr Jesuíno

> (...) acabo de saber que o Sr. está consentindo que um tal Senhor que anda comprando porcos, pusesse os mesmos dentro da manga, que já está toda fuçada e até arrebentando as cercas. Isto é o cúmulo do que se chama desleixo com as coisas alheias! Dando prejuízo as fazendas para ser agradável a um sujeito que o Sr. nunca viu tão gordo (...)
> E com estas, ainda quer o senhor que eu confie na sua administração! A Patroa

Neste livro, Marcos Profeta exibe de maneira exímia o modo como podem ser captados os papéis, melhor dizendo, as estratégias femininas, a partir das tensões, das mediações, das relações propriamente sociais que integravam mulheres, história e processo social, tais como podem ser resgatados das entrelinhas, das fissuras e do implícito nos documentos escritos.

A principal contribuição deste livro é o modo como o historiador insere as atitudes e as ações das mulheres no seu meio social e familiar, de modo a tratar seus espaços de autonomia, liderança familiar e mandonismo local. O sucesso de seu empreendimento é justamente o modo como revelam em sua pesquisa aspectos novos da história política e econômica da época e da região em que viveu esta personagem. O resultado de seu cuidadoso esforço de decifrar indícios nas cartas escritas por Celsina e enviadas para ela nos traz, ao cabo da leitura de seu livro, parâmetros para entendermos a vida no Alto Sertão da Bahia, que exigia dos fazendeiros fortes lideranças no seio das famílias e dos negócios. A figura de Celsina lembra muitos perfis de mulheres de elites rurais desde os tempos do Brasil Colonial. O aburguesamento, o crescimento do comércio urbano no último quartel do século XIX e o costume de consumir foi aos poucos, nas cidades do litoral, tornando dispensáveis as matriarcas provedoras do grupo familiar. Além de sua liderança política nas facções locais, as matriarcas das elites rurais cumpriam também o papel de organizar o processamento dos produtos de primeira necessidade, que não existiam prontos no mercado local. Fazia parte do seu feitio disciplinar o trabalho das empregadas no processamento da farinha de mandioca, do dendê, de velas, de sabão de cinzas, costume que marcava a diferença entre as senhoras das elites rurais e as senhoras burguesas do meio urbano. O autor explora também as ambiguidades de atitudes ao mesmo tempo tradicionais e modernas, entremeadas umas às outras. Estudou por exemplo a religiosidade como aspecto importante na vida de Celsina, que aparentemente a levava a aceitar a vontade de Deus, ao passo que assumia, no seu quotidiano de trabalho intenso, atitudes inovadoras de liderança para amenizar os efeitos da providência sobre seus bens, sua família, suas fazendas. Os leitores se sentirão enriquecidos pela leitura de um livro original, inovador e bem escrito.

São Paulo, 18 de agosto de 2011

Dra. Maria Odila Leite da Silva Dias
Profa. Titular de História do Brasil do
Dep. de História da FFLCH da USP
Profa. associada do Programa de Pós-graduação
em História da PUC-SP

Introdução

A descoberta de uma carta incita sempre a contar:
a história de sua descoberta, a história dos que es-
creveram, a história dos acontecimentos que evoca.

(DAUPHIN, POUBLAN, 2002: 9)

FILHA DO CORONEL Deocleciano Pires Teixeira[1] e de Ana Spínola Teixeira,
Celsina Teixeira nasceu em Caetité no dia 10 de outubro de 1887 e faleceu
na mesma cidade, em 1979. Casou-se em 1909 com o farmacêutico, proprietário de terras e gado José Antônio Gomes Ladeia (Juca, falecido em
1926), neto do Barão de Caetité. Deste casamento, realizado sob regime
de comunhão de bens, nasceu seu único filho, Edvaldo Teixeira Ladeia,
falecido precocemente em 1945, aos 35 anos de idade.

---

1   Deocleciano Pires Teixeira casou-se com três filhas do coronel Antônio de Souza
Spínola. Do primeiro casamento, com Mariana Spínola, nasceu Alice Maria Spínola
Teixeira. Do segundo, com Maria Rita, nasceram Mário e Alzira Spínola Teixeira e
do terceiro casamento, desta vez com Anna de Souza Spínola, nasceram Evangelina
(09/06/1886), Celsina (10/10/1887), Hersília (07/02/1891), Celso (20/02/1893), Oscar
(17/11/1894), Leontina (02/10/1896), Jayme (19/07/1898), Anísio (12/06/1900),
Nelson (03/09/1903), Angelina (08/06/1905) e Carmem (19/03/1909). APMC, Acervo
do Poder Judiciário. Fundo: Fórum Cézar Zama, Grupo: Cartório de Registro Cívil.
Série: Autos Cíveis. Subsérie: Registro de Nascimentos. Notação: Livros A3 a A5 (sede).

O grande volume de documentos produzidos por esta personagem, cerca de 1.500 cartas, sobretudo de correspondências pessoais (recebidas e emitidas),[2] somado aos acontecimentos que marcaram as quatro primeiras décadas de sua vida, determinaram a conjuntura temporal deste estudo.

Assim, esta pesquisa tem como marco temporal inicial o ano de 1901, quando Celsina Teixeira ingressou na atividade da escrita epistolar, e se estende até o ano de 1927, período caracterizado pela morte do marido ocorrida no ano anterior e pelo adoecimento dela devido aos "incômodos nervosos".

Imagem 1: Celsina Teixeira. Acervo do Arquivo Público Municipal de Caetité [autor: *PH Reads*, s/d.]

---

2   O acervo também contém um número significativo de correspondências enviadas por Celsina Teixeira. Isso se explica, em parte, pelo fato de boa parte das cartas terem sido trocadas entre os próprios membros da família que, em algum momento da trajetória de suas vidas, retornaram ao "local de origem", o suntuoso sobrado localizado na praça central da cidade de Caetité. Além disso, Celsina Teixeira possuía o hábito de rascunhar algumas respostas nas cartas recebidas. Esta personagem foi uma das últimas moradoras do famoso sobrado, denominação dada à casa da família Teixeira e onde hoje funciona o museu "Casa de Anísio Teixeira". Em 1998, com a restauração do imóvel para a criação do referido museu, toda a documentação foi transferida para a casa do Barão de Caetité e lá permaneceu até o ano de 2002, quando então foi gentilmente doada por Babi Teixeira (filha de Anísio e sobrinha de Celsina Teixeira) para o Arquivo Público Municipal de Caetité (APMC).

Após a criação do Arquivo Público Municipal de Caetité (APMC), em 1996, por iniciativa dos professores de história da Universidade do Estado da Bahia, teve início a organização dos acervos da família do coronel Deocleciano Pires Teixeira (pai de Celsina e de Anísio Teixeira).[3] Realizado em concomitância com a catalogação da documentação da "Casa do Barão de Caetité",[4] este livro insere-se no programa de atividades que visa tornar acessível aos pesquisadores os documentos pessoais de famílias que tiveram grande influência política, econômica e social na cidade de Caetité nos séculos XIX e XX e que compõem a teia familiar objeto deste estudo.

---

3   Esta documentação encontra-se organizada e disponível para a pesquisa no APMC. A temporalidade dos documentos abrange a segunda metade do século XIX até a década de 1960 e é composto majoritariamente de correspondências pessoais. A metodologia de classificação seguiu as normas adotadas pelo Arquivo Público do Estado da Bahia (APEB), ou seja, utilizando os critérios de fundo, grupo, série etc.

4   Este lote de documentos é proveniente das famílias de José Antônio Gomes Netto (Barão de Caetité) e do coronel Joaquim Manoel Rodrigues Lima (primeiro governador eleito pelo voto direto / 1892 -1896). Sua temporalidade abrange os períodos de 1820 a 1940. É menos numeroso, porém com tipologias de documento mais diversificadas. Este acervo é composto por correspondências diversas, recibos, livros de razão, listas e certidões de nascimento e óbito de escravos, escrituras de terras, documentos oficiais (executivo e judiciário), dentre outros. A documentação da "Casa do Barão" encontra-se totalmente organizada segundo os mesmos critérios, no entanto, todo o seu conteúdo ainda encontra-se sob as guarda da família Lima. O acesso para consulta e pesquisa está condicionada a desapropriação da casa do Barão de Caetité em favor da UNEB e à implementação do projeto "Casa de Cultura Popular de Caetité", que funcionará neste imóvel.

Imagem 2: Fachada do Sobrado da família Teixeira, atual museu "Casa de Anísio Teixeira". [autor: Adailton Carvalho – *Fotus K*, agosto 2009].

Entre as personagens que permeiam a documentação do APMC, destaca-se a atuação de Celsina Teixeira Gomes Ladeia, cuja trajetória é objeto deste estudo. A documentação revelou indícios de participação ativa das mulheres nos diversos setores da vida cotidiana. As mulheres das elites de Caetité faziam em suas cartas comentários sobre política, festas religiosas, eventos de caridade, funerais e, sobretudo, tratavam de negócios comerciais e de venda de gado. Antes mesmo da morte de seus maridos, elas se mostraram bastante ativas nos negócios.

Assim, através de um olhar crítico sobre as relações sociais de gênero no meio familiar e social do alto sertão baiano, objetivou-se nesta análise tornar evidentes as múltiplas atuações de Celsina Teixeira captadas na sua correspondência pessoal.

Este volume de documentos, construídos por Celsina Teixeira e seus missivistas, insere-se naquilo que Certeau chamou de "economia escriturística"; segundo ele:

> A prática escriturística assumiu valor mítico nos últimos quatro séculos reorganizando aos poucos todos os domínios por onde se estendia a ambição ocidental de fazer uma história e, assim fazer história (...) No Ocidente moderno, não há mais discurso recebido que desempenhe esse papel [de articular simbolicamente as práticas heterogêneas da sociedade], mas um movimento que é uma prática: escrever. A origem não é mais aquilo que se narra, mas a atividade multiforme e murmurante de produtos do texto e de produzir a sociedade como texto (Certeau, 1994: 224).

Esta ideia de Certeau vai ao encontro dos estudos realizados por outros pesquisadores, cujas análises apontam para a crescente valorização da escrita nas sociedades ocidentais. Para Artières (1998: 13), "esse lugar crescente da escrita na vida de todo dia tem como consequência uma gestão diferente dos nossos papéis. Assim, é imperativo na nossa sociedade manter arquivos domésticos".

O volume de documentos encontrados, mesmo que inicialmente desorganizado, evidencia a intencionalidade dos sujeitos/autores no momento da produção/arquivamento dos mesmos. A despeito dos problemas de transporte de pessoas e mercadorias presentes até a primeira metade do século XX, o objetivo precípuo daqueles indivíduos é o estabelecimento, manutenção e reforço dos elos de sociabilidade através da comunicação por cartas. Além disso, por mais que seja volumoso o número de papéis produzidos por cada indivíduo da família, o fluxo de documentos compõe fragmentos de trajetórias e experiências vividas pelos sujeitos presentes direta e indiretamente nas cartas. Mais do que isso, revela também, segundo Gomes, a construção de um "teatro da memória", ou seja, um espaço privado onde

> as práticas da construção de si podem ser entendidas como englobando um diversificado conjunto de ações, desde aquelas mais diretamente ligadas à

escrita de si propriamente dita – como é o caso das autobiografias e dos diários –, até a da constituição de memória de si, realizada pelo recolhimento de objetos materiais, com ou sem intenção de resultar em coleções (GOMES, 2004: 11).

Para a autora acima, estes "atos biográficos" caracterizam a necessidade do indivíduo "de dotar o mundo que os rodeia de significados especiais, relacionados com suas próprias vidas, que de forma alguma precisam ter qualquer característica excepcional para serem dignas de ser lembradas" (GOMES, 2004: 11).

De maneira geral, o volume de documentos, segundo Perrot (1989), tem relação com o papel assumido pela mulher na organização da memória familiar. Sobre este aspecto, esta historiadora apresenta a seguinte indagação: "Os arquivos privados, outro sótão da história, fornecem outras informações?" Logo em seguida afirma sobre a grande importância dos arquivos privados como forma de expressão das mulheres, cuja função, além de outras no contexto familiar, foi o de produtora desses arquivos, "nos casos em que fizeram as vezes de secretárias da família"(PERROT, 1989: 11).

Neste sentido, foi possível avaliar e compreender a preocupação constante em guardar uma gama bastante diversificada de papéis, desde as complexas apólices, ações e notas fiscais, cadernetas com anotações de gastos com alimentação, reformas e pessoal, até o ínfimo bilhetinho cheio de contas rabiscadas. De fato, a diversidade de documento evidencia amplas participações nas atividades do seu meio, no entanto, creditar à mulher a responsabilidade pela guarda desses documentos é incorrer no erro de minimizar a participação feminina nos diversos âmbitos da vida social e restringir sua participação para o contexto doméstico.

A compreensão da diversidade de documentos produzidos foi alcançada por este estudo em consonância com múltiplas participações das mulheres no cenário social do alto sertão baiano. Segundo Leite,

A tarefa de investigar os diferentes papéis assumidos pelas personagens femininas, em um mundo onde o poder masculino encontra-se plenamente estabelecido, implica compreender as percepções que as mulheres tinham do seu tempo e do seu espaço, e o grau de consciência que desenvolveram ao negar, transformar ou reproduzir certas práticas sociais (LEITE,1997: 14).

No caso específico de Caetité, o "poder masculino plenamente estabelecido", mencionado pela historiadora, possui relação intrínseca com a associação geralmente realizada entre a história da cidade e nomes como Anísio e Deocleciano Teixeira, Rodrigues Lima, Barão de Caetité, entre outros. De acordo com Leite,

> A sistemática ausência da mulher na história da Bahia [e de Caetité em particular] nos impôs a difícil tarefa de redimensionar o mito do patriarcalismo e por conseguinte o ideal de enclausuramento e passividade femininas, tão bem enfatizados pela historiografia (LEITE, 1997: 18).

A observação dos documentos pessoais de Deocleciano Pires Teixeira atesta c grande poder econômico e político construído por ele ao longo dos anos.[5] Entretanto, o viés de análise proposto aqui é outro.

---

5   Sobre a trajetória do coronel Deocleciano Pieres Teixeira e de outros membros desta família, ver AGUIAR (2011). Essa autora analisa como as "diversas estratégias de consolidação econômica e política foram engendradas por Deocleciano Pires Teixeira, com o fim de driblar os reveses da política baiana na Primeira República e, dessa forma, alcançar grande proeminência na região a alto sertaneja. Destacaram-se, nesse sentido, as diversas alianças estabelecidas por esta liderança, não só em âmbito local, mas, também, estadual e federal. A correspondência pessoal, assim como uma gama de variados documentos produzidos pela família Teixeira foram as principais fontes utilizadas nesta dissertação e, confrontadas com outras fontes, revelaram importantes articulações políticas e socioeconômicas estabelecidas a partir do alto sertão baiano" (2011: 10).

Para o caso das mulheres da elite social caetiteense, a análise das correspondências e de outros documentos permitiu o redimensionamento do patriarcalismo proposto por Leite.

A análise crítica das fontes disponíveis tornou possível entrever instâncias significativas de poder que partem do ambiente doméstico-familiar, mas não se restringem a ele. De acordo com Soihet:

> Apesar da dominação masculina, a atuação feminina não deixa de se fazer sentir através de complexos contrapoderes: poder maternal, poder social, poder sobre outras mulheres e "compensações" no jogo da sedução e do reinado feminino (1998: 83).

Ledo engano pensar que, por se tratar de âmbitos privados da vida, o político esteja ausente (*Idem*, p: 180). Nas correspondências, o aspecto eminentemente político das atuações femininas se faz sentir em diversas situações: nas determinações sobre destinos profissionais, no estabelecimento de estratégias matrimoniais, na relação bastante tensa com empregados das casas e fazendas, na organização orçamentária e investimentos financeiros, na atuação beneficente etc.

Neste sentido, perscrutar a trajetória de Celsina Teixeira tornou-se fundamental para entrever os contrapoderes destacados por Soihet. Entretanto, vale ressaltar que, de acordo com Revel,

> A escolha do individual não é vista aqui como contraditória à do social: ela deve tornar possível uma abordagem diferente deste, ao acompanhar o fio de um destino particular – de um homem, de um grupo de homens [de mulheres] – e, com ele, a multiplicidade dos espaços e dos tempos, a meada das relações nas quais ele se inscreve (REVEL,1998: 21).

A análise da trajetória de Celsina Teixeira e de outras mulheres mais diretamente ligadas a ela, como a mãe Anna Spínola e a as irmãs Evangelina e Hersília, não indicou manifestações de cunho contestatório em relação à condição aparentemente subalterna de mãe-esposa-filha no contexto familiar e social. Tais personagens foram educadas dentro dos preceitos católicos da "esposa fiel, dedicada aos maridos e filhos" e suas ações, quando vistas num primeiro olhar sugerem imutabilidade e permanência dentro de espaços restritos como a casa e a igreja. Além disso, a internalização desses preceitos educacionais, amplamente presente nas costuras, bordados, no aprendizado do bandolim e piano, na presença constante nas missas, na organização de festas religiosas, enfim, induz a pensar em submissões e clausuras como parte integrante de suas atitudes quotidianas.

Entretanto, a internalização de preceitos educacionais e familiares impostos historicamente não significou que aquelas mulheres vergaram-se "a uma submissão alienante"(SOIHET, 1998: 85). De acordo com Chartier:

> Nem todas as fissuras que corroem as formas de dominação masculina tomam a forma de dilacerações espetaculares, nem se exprimem sempre pela irrupção singular de um discurso de recusa ou de rejeição. Elas nascem com frequência no interior do próprio consentimento, quando a incorporação da linguagem da dominação se encontra reempregada para marcar uma resistência (1995: 42).

Assim, para investigar as trajetórias de Celsina Teixeira, seus traços e atos, como diz Certeau (1994: 46), no interior do espaço doméstico, nas idas e vindas entre Caetité e Salvador, nos constantes deslocamentos entre a cidade e as fazendas, buscou-se subsídios que permitissem visualizar como ela, em particular, conseguiu "deslocar ou subverter a relação de dominação"(SOIHET, 1998: 85).

O caminho para essa investigação foi construído a partir da junção de fragmentos que compõem o processo histórico e o quotidiano de Celsina Teixeira, amplamente registrado nas correspondências. Dentre as historiadoras que trabalham nessa perspectiva, destaca-se Maria Odila L. S. Dias. Segundo essa autora,

> A dialética do pormenor e do global, das relações entre minúcias e o conjunto do processo social de uma época implica, para o historiador, em uma atitude aberta para a possibilidade de papéis informais que escapam aos papéis prescritos, às normas, às institucionalizações, situados num espaço intermediário entre a norma e ação dos agentes históricos (Dias,1992: 50).

No caso específico desta pesquisa, a dialética proposta acima constituiu método essencial para enxergar as instâncias dos contrapoderes femininos. Isso implicou em repensar processos históricos sob a ótica de amplas participações de outros sujeitos na trama social. Para realizar este exercício foi necessário, conforme salientou Leite, "compreender as percepções que as mulheres tinham do seu tempo e do seu espaço" (1997: 14).

Desta forma, conjunturas mais gerais como as crises econômicas da região no pós a abolição e as sucessivas secas, por exemplo, foram redimensionadas quando vistas através do registro feminino. Nestes e em outros contextos, apareceram diversas articulações, amplas mobilidades das mulheres entre os espaços da cidade, das fazendas e das famílias.

A dialética citada anteriormente implica também em crítica de "dualidades genéricas, de categorias universais herdadas de um contexto cultural prescrito" (Dias, 1992: 40), tais como masculino e feminino, público e privado:

> os homens e mulheres reais não cumprem sempre os termos das prescrições de sua sociedade ou de nossas categorias de análise. Os historiadores devem antes de tudo examinar as maneiras pelas quais as identidades de gênero são realmente construídas e relacionar seus achados com toda uma série de atividades, de organizações e representações sociais historicamente situadas (Scott, 1990: 15, *apud* Dias, 1992: 40).

Historicizar as relações de gênero a partir das informações contidas nas fontes disponíveis, no contexto abrangido pela pesquisa requereu um questionamento constante do papel desempenhado pela família, escola e Igreja na determinação dos papéis sociais. Requer também, segundo Scott, a

> necessidade de, examinar gênero concretamente, contextualmente, e de considera-lo um fenômeno histórico, produzido, reproduzido e transformado em diferentes situações ao longo do tempo. Esta é, ao mesmo tempo, uma postura familiar para o historiador e uma maneira profundamente nova de pensar sobre a história. Pois questiona a confiabilidade de termos que foram tomados como autoevidentes, historicizando-os (Scott,1994: 19).

Desta forma, o caminho percorrido por essa pesquisa indicou constantemente o repensar da organização de espaços vistos como essencialmente femininos. Paras as conclusões a que chegamos neste estudo foi necessário centrar análise nas relações de poder em cenários diversos, como família e meio social, cujos conceitos foram constantemente "relativizados no seu devir temporal" (Dias, 1992: 42).

Vale ressaltar também que, como método para se percorrer o caminho proposto nesse estudo, não se restringiu ao trabalho com correspondências trocadas apenas entre mulheres, o que teria significado desconsiderar as próprias relações sociais e de poder que permearam as trajetórias individuais e coletivas dos membros do grupo. Sobre este aspecto, Vaz alerta que os

> gêneros sofrem pressões implícitas e explícitas dos estereótipos; quando a correspondência se dá entre pessoas do mesmo gênero, falam muito próximas do que se espera delas; isso ilude o pesquisador sobre a

existência de naturezas feminina e masculina, embaralhando noções esparsas de biologia e condicionamentos culturais (Vaz, 1995: 17).

A metodologia indicada por Vaz, em consonância com este estudo, propõe um olhar atento quanto às pistas presentes nas entrelinhas dos discursos delineados nas correspondências privadas:

> O desafio é justamente explorar as fissuras nos estereótipos, ou seja, não se fixar apenas nas cartas trocadas entre mulheres, que à primeira vista reforçariam o senso comum. A sociedade elabora filtros culturais pelos quais as pessoas interpretam o mundo a seu redor – as mulheres são menos o que fazem do que o conceito que se tem sobre o que fazem, o que acaba interferindo no conceito que têm de si mesmas, ou seja, geralmente falam mais o que se espera delas do que o que são (Vaz,1995: 17).

Especificamente sobre Celsina Teixeira, salvo algumas correspondências perdidas pelo tempo ou até mesmo rasgadas ante a possibilidade de alcance pelo olhar alheio e não autorizado, sua inscrição na atividade da escrita epistolar iniciou-se em 1901. Seus principais missivistas, durante a temporalidade estudada são a prima Anísia, a irmã Hersília (Tilinha), o irmão Anísio, a mãe Anna, o tio e padrinho Rogociano e o marido José Antônio Gomes Ladeia (Juca). Entretanto, o grande número de missivas escritas e recebidas por ela ao longo dos anos implica apenas em alguns nós na ampla sociabilidade tecida quotidianamente, cujo início é anterior e não se resumiu na troca de cartas.

O conjunto de correspondências de Celsina Teixeira, somando também as perdidas ou destruídas pelo tempo, formam apenas uma "amostra entre o fluxo contínuo de trocas epistolares mantidas pela família" (Dauphin; Poublan, 2002: 80), portanto, por mais volumoso que seja, ele compõe o que Maria Teresa Cunha denomina de "migalhas de identificação". A mesma pesquisadora afirma que:

> O ato de escrever cartas pessoais/íntimas consiste em confrontar-se com códigos estabelecidos e, a partir deles, inventar/construir um lugar para si, através das palavras. Trocar cartas, corresponder-se, escrever para alguém são formas de se expor, de compartilhar experiência, construir elos invisíveis e, muitas vezes, duradouros (CUNHA, 2002: 184)

A análise da troca de correspondências ocorrida entre os gêneros implica também em sutis perigos ao pesquisador. As cartas trocadas entre Celsina Teixeira e o marido sugerem divisões binárias entre público e privado como esferas separadas para a atuação de cada um. Em seu trabalho sobre as correspondências das mulheres da elite cafeeira, em São Paulo, Vaz observou que:

> empiricamente, as "esferas" até que são bem visíveis; criticá-las significa ultrapassar o aspecto estritamente literal, de certa forma transcendê-las em sua polaridade ideológica, levantar as tensões que emergem de instâncias informais, fazendo uma leitura das entrelinhas, daquilo que ficou apenas subentendido ou mesmo não dito, através e para além das esferas de atuação dos gêneros (VAZ, 1995: 17).[6]

Investigar, a partir das correspondências, quais são estes "códigos estabelecidos" e qual o "lugar inventado/construído" pelas mulheres através das palavras e ações, constituiu o grande desafio enfrentado e discutido nesta pesquisa. O caminho para ultrapassar a "polaridade ideológica" e "confrontar os códigos estabelecidos", como os papéis

---

6   Ver, sobre correspondências femininas, o estudo de CATELLI (1997).

prescritos, por exemplo, significou perceber, através das correspondências e documentos como inventários, registros contábeis, entre outros, os trabalhos na casa e nas fazendas realizados por cada gênero de modo complementar e integrados ao processo produtivo mais amplo.

Neste sentido, foi importante, conforme observado anteriormente, o restabelecimento das relações entre remetente e destinatário com vistas a perceber os locais ocupados por cada missivista. O ponto central desse restabelecimento ocorreu a partir das cartas enviadas para Celsina Teixeira. A elaboração de uma lista de remetentes, ordenada cronologicamente e por local de envio, possibilitou entrever, com relativa margem de erro, os locais ocupados pela personagem em questão no instante de recebimento e envio das cartas.

Conforme se demonstrou nesta introdução, a trajetória de Celsina Teixeira entre 1901 e 1927 foi reconstituída a partir dos indícios encontrados nas correspondências e em outros documentos. Até o ano de 1908, Celsina Teixeira permaneceu em Caetité e nesse período manteve frequente correspondência com sua prima Anísia (Maria Anísia de Castro Teixeira), que transferiu moradia com a família para a localidade de Campos (Monte Alto). Além da relação de parentesco, os laços entre ambas foram fortalecidos pelo fato de terem sido colegas durante os estudos na primeira escola normal, entre os anos de 1901 a 1903.

Em 1908, quando se estabeleceu em Salvador, devido à distância do núcleo familiar original e a desincumbência de algumas tarefas realizadas no ambiente doméstico, ocorreu um significativo aumento do número de cartas. Nesse período, as principais missivas, a maioria oriundas de Caetité, foram enviadas por sua irmã Tilinha, pelo pai, Deocleciano Pires Teixeira, e pela mãe, Anna Spínola.

Em 1909, Celsina retornou para Caetité para casar-se com o farmacêutico José Antônio Gomes Ladeia (Juca) e estabelecer com ele moradia nesta cidade. Devido à dinâmica de gerenciamento dos negócios implementada pelo casal durante o período de 1909 a 1916, que exigia viagens constantes de ambos entre a cidade e as fazendas, o principal correspondente de Celsina Teixeira nesta fase foi o próprio marido.

Entre os anos de 1916-1917, a troca de correspondências de Celsina Teixeira se intensificou. Esse fato esteve relacionado ao episódio do adoecimento do marido e com as viagens para Salvador em busca de tratamento médico. Nessa época, destacam-se os assuntos das correspondências que versaram sobre o diagnóstico da doença e a questão do andamento dos negócios da família, em Caetité.

No ano de 1918, quando já estava estabelecida na cidade e dirigindo os negócios do casal, segundo informações obtidas na elaboração da lista, ocorreu uma diminuição do número de correspondências. A rarefação de missivas permaneceu até o ano de 1921 e este fato esteve relacionado às ocupações com a fundação da Associação das Senhoras de Caridade, em 1919. Durante esta época, as mais significativas correspondências foram trocadas entre Celsina, Tilinha e Anísio Teixeira.

Finalmente, a partir de 1923 até 1927, ocorreu novamente um aumento do fluxo de cartas recebidas, com significativo crescimento do número de correspondentes. Destaca-se nesse período o ano de 1926, quando Celsina Teixeira chegou a receber cerca de 74 correspondências. Este aumento está relacionado com o agravamento da doença e consequente morte do marido, em 1926.

Os resultados obtidos neste processo de pesquisa estão organizados em três capítulos. No primeiro, utilizando-se da bibliografia produzida sobre o Alto Sertão, buscou-se uma imagem aproximada sobre a espacialidade local. Contudo, mais do que uma simples ambientação geográfica a partir das informações contidas nas correspondências, priorizou-se uma análise em torno das ações dos diversos segmentos sociais sobre a realidade vivida naquela espacialidade. Tais ações, como as da família Teixeira, de Celsina em especial, entre outros, imprimiram um dinamismo econômico-social próprio e interligado a outras regiões.

No segundo capítulo analisou-se a manutenção e reforço de elos de sociabilidades através da escrita epistolar no Alto Sertão da Bahia e as vias de transporte e comunicação existentes nas três primeiras décadas do século XX. Priorizando a inscrição da escrita feminina nesta rede, a discussão empreendida neste capítulo revelou a presença de hiatos temporais existentes entre receber e responder cartas. Tais espaços de tempo estiveram relacionados mais às diversas inserções femininas no meio familiar e social do que às dificuldades de transporte e comunicação do período.

O delineamento da trajetória de vida de Celsina Teixeira foi empreendido com mais detalhes no terceiro capítulo. Para tanto, este foi dividido em três partes relacionadas às principais fases da vida dessa personagem, cujas nuances foi possível recuperar parcialmente através da elaboração da lista de correspondências recebidas/emitidas.

Desta forma, na primeira parte, cujo período é abrangido pela inscrição na rede epistolar e pela permanência no núcleo familiar original (1901-1908), foram discutidas questões relacionadas à educação das mulheres da elite caetiteense. Mais do que o papel da escola institucional na formação educacional feminina, priorizou-se a análise do aprendizado recebido em casa, sobretudo através das experiências transmitidas pela mãe. Ultrapassando uma abordagem meramente prescritiva dos papéis destinados aos gêneros, destacaram-se maneiras de se visualizar parcelas significativas de poderes aprendidos nos diversos âmbitos da vida familiar.

A discussão sobre as ações de Celsina Teixeira após o casamento constitui o tema da segunda parte. Na análise de tais ações, balizadas pelo casamento, em 1909, pelo adoecimento do marido, em 1916, e, fundação da Associação das Senhoras de Caridade, em 1919, foram percebidas maneiras de organização e gerência dos negócios, dos afazeres domésticos, de inserção e interferência sobre a realidade vivida no meio social. Permeadas por tensões constantes, o estudo das inserções de Celsina Teixeira e outras mulheres do seu grupo proporcionaram subsídios que permitiram relativizar poderes e papéis historicamente determinados.

Na última parte, realizada em tom retrospectivo e acompanhando os fragmentos de memórias pinceladas nas correspondências, estão presentes elementos relacionados à escrita feminina. Permeada pelo adoecimento de Celsina Teixeira em 1927, em consequência da morte do marido, ocorrida no ano anterior, e retroagindo até o ano de 1916, esta seção analisou as omissões presentes na escrita feminina, não apenas pelo viés das tensões exercidas sobre o gênero, mas principalmente como uma outra instância de poder feminino.

Vale ressaltar que o processo de catalogação do acervo da família Teixeira, presente no Arquivo Público Municipal de Caetité, contou com o esforço conjunto de várias pessoas e está em constante aperfeiçoamento.[7] No entanto, identificou-se na organização arquivística alguns erros de classificação dos documentos que serão corrigidos a contento. Tais correções podem modificar as classificações estabelecidas anteriormente e apresentadas nesta pesquisa.

---

7 No acervo ainda consta um número significativo de documentos classificados preliminarmente como as fotografias e os cartões postais. No caso das fotografias, a classificação depende de esforços maiores no sentido de identificar datas aproximadas, cenários e pessoas que aparecem nas imagens.

Capítulo I - O Alto Sertão baiano através das correspondências pessoais

Espacialidade e ações

Destaca-se na composição deste capítulo uma definição aproximada do cenário onde se desenrolou a trama histórica que emerge dos diversos documentos ora analisados. Pretende-se através desta análise buscar subsídios, tanto nas fontes disponíveis quanto em estudos já realizados, que permitam visualizar a região pisada pelos sujeitos históricos objetos deste estudo.

Especificamente sobre as correspondências, fonte desta análise, vale acrescentar que elas foram confeccionadas entre o final de século XIX e as três primeiras décadas do século XX, e, "àquela época, corresponder-se era privilégio de uma elite letrada" (Pires, 2009: 256). Essas fontes apresentam de maneira mais direta as articulações, olhares e movimentos de um grupo privilegiado sobre a realidade vivida nos seus respectivos locais (famílias, cidades e fazendas) do Alto Sertão da Bahia. Este fato não anula as experiências de outros segmentos sociais, citados nas margens dos documentos, cuja presença pode ser vista pelo pesquisador disposto a considerar a "dimensão histórica" de suas ações (Paoli, 1992: 27).

Partindo do pressuposto de que um dos objetivos da escrita epistolar é a aproximação de distâncias, esta descrição, aqui proposta, se faz necessária no sentido de criar noções de deslocamentos geográficos entre localidades da mesma região (Caetité, Monte Alto, Pajeú etc.), ou de regiões distintas (Salvador e Rio de Janeiro). A contextualização espacial também foi adotada por pesquisadores cujos temas estiveram ligados a essa porção do território geográfico baiano.[1] Curiosamente, Estrela constatou que

> Nas publicações dos órgãos estatísticos e de planejamento do governo federal e estadual, não há referências ao Alto Sertão. No entanto, a expressão existe e foi bastante utilizada pelos habitantes do extremo sudoeste da Bahia, em períodos recuados, tendo sido até mesmo consagrada por cronistas regionais (ESTRELA, 2003: 35).

A partir dessa constatação, a despeito do não registro da denominação "Alto Sertão" nos órgãos governamentais, baseando seus estudos principalmente em depoimentos orais, a historiadora questiona a definição dessa região para os sujeitos sociais. Segundo Estrela:

> Da fala dos primeiros [dos velhos moradores], depreende-se que se trata de uma região não muito bem demarcada espacialmente, compreendendo uma ampla porção do território baiano, distante da faixa litorânea; tem economia tradicional e é marcada pelas secas, pela dificuldade de meios de vida, pela precariedade de comunicação e dos meios de transporte. Em

---

1   Uma definição amplamente utilizada pelos estudos históricos é fornecida por NEVES, 1998: 22. Segundo este autor, "região do Alto sertão da Bahia, referênciada na posição relativa ao curso do rio São Francisco na Bahia e o relevo baiano, que ali projeta as maiores altitudes".

síntese, o Alto Sertão compreende um espaço distante, isolado, carente de recursos materiais e meios técnicos e científicos (ESTRELA, 2003: 35).

Na sequência do estudo, utilizando-se também de outros documentos, tais como o jornal *A Penna*,[2] a historiadora afirma que

> A utilização do termo *Alto Sertão* para designar uma vasta área do interior do Brasil, situada na atualidade nos limites de dois Estados diferentes [Bahia e Minas Gerais], revela claramente a existência de uma região imaginária na geografia do extremo sudoeste da Bahia (…), a qual tem sua origem na formação territorial do Brasil Colônia (ESTRELA, 2003: 37).

As declarações de um de seus entrevistados esclarecem geograficamente a área em questão:

> O Alto Sertão baiano compreende uma vasta área do sudoeste que, partindo do Médio São Francisco, limita-se ao sul com o Estado de Minas Gerais; ao norte, abrange as Lavras Diamantinas, limitando-se ao leste com a região de Vitória da Conquista (ESTRELA, 2003: 39).

Contudo, muito além da mera descrição geográfica, está a atuação dos indivíduos na construção cultural dos lugares. A existência de

---

2 Sobre este jornal, Santos (2001: 29) traz as seguintes informações: "editado no município de Caetité, circulou entre os anos de 1897 a 1943. De publicação quinzenal, se dizia o '*orgam dos interesses commerciaes, agrícolas e civilizadores do Alto sertão*'. Era impresso na *Typografia d'A Penna*, de propriedade de João Antônio dos Santos Gumes [1858-1930], jornalista romancista e dramaturgo, tendo exercido os cargos de escrivão, coletor estadual e federal, secretário e tesoureiro da Intendência Municipal. Atuou ao lado de diversos governos municipais e seus artigos expressam o pensamento da elite dominante da época".

uma "região imaginária" aos olhos dos sujeitos sociais aponta na direção da construção de um espaço com especificidades próprias, a partir da inter-relação socioeconômica entre sujeitos residentes em territórios com características comuns e cujos aspectos estão presentes de modo semelhante em outros documentos. Neste sentido, Pires também destacou a importância de relatos cujo conteúdo traz informações para a caracterização dos lugares. Segundo a historiadora:

> Sabe-se que as diferenças de hábitos, costumes e tradições estão relacionadas às condições de tempo e lugar, e conjeturar sobre essas características é importante por auxiliar na composição da vida dos sujeitos sociais (…) (PIRES, 2003: 36).

De modo distinto, porém com o mesmo intuito de auxiliar na composição de uma imagem aproximada sobre a "vida dos sujeitos sociais", Pires recorreu aos "relatos de viajantes, memorialistas e intelectuais interessados em estudos do Alto Sertão baiano" (PIRES, 2003: 36).[3]

As cartas produzidas no Alto Sertão apresentam peculiaridades de certo modo inacessíveis ao olhar estrangeiro. Trazem o âmbito das experiências sociais quotidianas nas mais variadas matizes. À guisa de exemplo, entre a descrição geográfica (paisagem, clima, vegetação etc) do viajante e a realizada pelo sertanejo, existem sutis, porém importantes diferenças:

> (…) A vegetação cresce-lhes em torno, mete-se-lhes pelos interstícios, e as árvores levantam as suas frondes, matizando de verde e de sombra estas penedias que o sol, a pino, ilumina cruamente, aquecendo-as, escaldando (SAMPAIO, 2002: 204).

---

3 De acordo com a autora, "esses relatos são, em sua maioria, corografias que tratam do relevo, da vegetação, mas também dos costumes, muitas vezes exóticos ao olhar estrangeiro"(2003: 37).

Campos, 20 de setembro de 1911.

Querido Juca

(...) Tem chovido bastante, depois que saíste, tanto que as aguadas estão mais cheias. As árvores estão se vestindo e sobre as campinas já estendeu-se o tapete esmeraldino, que começa a pintar-se de flores. O caldeirão encheu-se, porém, a água está cor de café. A cisterna cobriu-se toda, creio que o serviço só poderá ser feito para o ano (...).

Celsina.[4]

Guardada a devida relevância dos respectivos registros históricos, as diferenças entre ambos residem na relação entre a passagem do viajante e a espera do sertanejo. As minúcias citadas por Celsina Teixeira em tom bucólico, repletas de sensações visuais, têm como destaque o elemento da espera, por exemplo, no tempo de crescimento da vegetação e no depósito das aguadas. No entanto, esta espera não pode ser relacionada à imutabilidade, ao contrário, significaram (e ainda significam) leques de atitudes, tais como planejamentos, antecipações, adiamentos, partidas e chegadas em consonância perene com incertezas climáticas. As descrições da paisagem depois das chuvas, realizadas por Celsina Teixeira, revelam o encantamento desta com a chegada de um momento muito aguardado pelos sertanejos depois de períodos de estiagem.

As correspondências trocadas entre Celsina e Juca trazem subsídios para a compreensão da apreensão destes sobre a passagem do tempo e organização das tarefas diárias marcada pelos períodos de chuva e estiagem:

Campos, 25 de setembro de 1911.

Juca

---

4 CELSINA. *Carta para Juca*. Campos, 20 de setembro de 1911. APMC. Acervo Particular Família Deocleciano Pires Teixeira, Grupo: José Antônio Gomes Ladeia, Série: correspondências, caixa 1, maço 1, nº. 56.

(…) Não tem chovido há uns três dias, e sol tem sido muito quente; parece que estiou porque no céu não se vê uma só nuvem.

A vista aqui da frente está muito bonita, assemelha-se a um presépio renovado: está tudo muito verde (…)

Celsina.[5]

Campos, 11 de dezembro de 1911.

Celsina

(…) Sabbado e no Domingo choveu alguma cousa. Tem chovido nos Campos? (…)

Juca[6]

Campos, 1 de abril de 1913

Celsina

(…) A secca vai accentuando-se por cá, hontem, esteve aqui o Clemente, que disse-me estar secco o tamque do Mucambo; não sei qual será o resultado deste sol tão ardente (…)

Juca.[7]

Caetité, 5 de abril de 1913

Juca

(…) De hontem para cá, tem cahido fortes aguaceiros; hoje, choveo desde horas da manhã até o meio-dia.

---

5   CELSINA. *Carta para Juca*. Campos, 25 de setembro de 1911. APMC, Grupo: José Antonio Gomes Ladeia, Série: correspondências, caixa 1, maço 1, nº. 58.

6   JUCA. *Carta para Celsina*. Campos, 11 de dezembro de 1911. APMC, Acervo Particular Família Deocleciano Pires Teixeira, Grupo: Celsina Teixeira, Série: correspondências, caixa 1, maço 3, nº. 497.

7   JUCA. *Carta para Celsina*. Campos, 1 de abril de 1913. APMC, Grupo: Celsina Teixeira, Série: correspondências, caixa 1, maço 3, nº. 477.

Mulheres e poder no Alto Sertão da Bahia 51

Permitta que seja geral, pois, salvará a creação. As chuvas que cahiram aqui, se fossem ahi, teriam enchido os tanques (…).
Celsina.[8]

Campos, 23 de dezembro de 1913
Celsina
(…) Está a fazendo bastante verde e segundo dizem, uma das que mais água tem; deu um aguacceiro tão forte que impediu no sangradouro passagem, chegando mesmo a transbordar pela tapagem, não causando prejuízo (…).
Juca.[9]

Campos, 4 de fevereiro de 1916
Juca
(…) Pouco tem chovido depois que V. sahio, e o calor tem augmentado bem (…).
Celsina[10]

As vivências de Celsina e Juca no Alto Sertão da Bahia, em contato com diferentes sujeitos que como eles enfrentavam dificuldades quotidianas, causadas pelas instabilidades climáticas, propiciaram um acúmulo de saberes a respeito dos modos de vida sob estas condições. Para que pudessem aproveitar a abundância de águas do período de chuvas foram construídos tanques de armazenamento que dispunham de canal de escoamento. Tal fato denota que os sertanejos necessitavam

---

8 Celsina. *Carta para Juca*. Caetité, 5 de abril de 1913. APMC, Grupo: José Antonio Gomes Ladeia, Série: correspondências, caixa 1, maço 1, nº. 60.

9 Juca. *Carta para Celsina*. Campos, 23 de dezembro de 1913. APMC, Grupo: Celsina Teixeira, Série: correspondências, caixa 1, maço 3, nº. 478.

10 Celsina. *Carta para Juca*. Campos, 4 de fevereiro de 1916. APMC, Grupo: José Antonio Gomes Ladeia, Série: correspondências, caixa 1, maço 1, nº. 67.

conviver com o excesso e escassez de chuvas e uma série de ações eram implementadas no sentido de amenizar os problemas causados por essa variação climática extrema. A partir das circunstâncias do clima, muitas das atividades quotidianas eram definidas. Em momentos de estiagem, estabelecia-se uma centralidade de ações em torno do tanque, cujas águas eram utilizadas para diversos fins ligados à agricultura e pecuária. Quando os tanques ficavam vazios fazia-se a manutenção destes com o intuito de prepará-los para receber as novas chuvas. Em momentos de abundância de chuvas foram implementadas ações no sentido de recuperar as perdas ocasionadas pelas secas e novos caminhos de passagens foram constituídos em substituição àqueles que haviam sido tomados pelas águas.

Os modos de vida dos sujeitos residentes no Alto Sertão da Bahia estiveram muito vinculados às estratégias de vivências a partir das necessidades suscitadas pelas instabilidades climáticas. Enquanto as camadas sociais mais carentes procuraram garantir sua sobrevivência nos períodos de seca, migrando para as cidades ou outras regiões, por exemplo (devido à perda da produção de subsistência e ao desemprego), a elite sertaneja administrava seus prejuízos econômicos e fazia estoques de alimentos para suportar a estiagem. Os gêneros necessários à vida dos membros da elite sertaneja, que não estavam disponíveis em suas cidades, eram encomendados a portadores e viajantes que transitavam por outras regiões.

Estas ações não devem ser analisadas isoladamente, mas sim associadas a um universo mais amplo de mobilidade dos sujeitos no cenário social. O grande número de documentos presentes no acervo da família Teixeira, somado ao de outros grupos familiares, apresentam indícios de um dinamismo socioeconômico próprio, porém integrado a outras regiões. Um indicativo desse dinamismo foi observado por Pires. Segundo essa historiadora:

> Além dos registros das famílias Gomes e Lima, localizam-se na documentação da "Casa do Barão" importantes registros de negócios realizados por um

Mulheres e poder no Alto Sertão da Bahia 53

outro rico proprietário da região, Deocleciano Pires Teixeira. Em livro de conta corrente encontram-se várias referências do contato com empresas da "Bahia"(Pires, 2009: 175.)

Os contatos com as empresas da "Bahia" (Salvador), realizados por Deocleciano Teixeira, por exemplo, estão presentes também em diversos recibos de envio de remessas monetárias, compra de gêneros alimentícios e artigos variados (tecidos, roupas etc.). Analisando as correspondências da família Teixeira também é possível observar nuances do trânsito de mercadorias e pessoas por entre as localidades diversas da região:

> Monte Alto, 11 de Julho de 1906
> (...) Vou lhe encomendar para V. comprar uns enfeites ahi, porque aqui não se encontra cousa que sirva e o que se acha é caro demais. No outro correio remette-rei suas costuras (...) Meu Pae manda lhe dizer que V. tome mão de Tio Doutor o dinheiro (...)
> Anísia.
> 2 *c.s e ½ de setim branco.
> 2 metros e ½ de velludo preto de 3 dedos de largura.
> 2 peças de bico de bôa qualidade de 3 dedos tambem.
> V. mande a conta p.ª eu ver se é **ms. Barato do q. aqui.
> Desculpe. Lhe escrevo com pressa.[11]

> Santa Bárbara, 14 de fevereiro de 1910
> Juca
> (...) Vão umas pamonhas, que não sei se estão boas. Pelo portador manda-me esta nota de 5$000 que vae trocada em mercado.

---

11 Anísia. *Carta para Celsina*. Monte Alto, 11 de julho de 1906. APMC, Grupo: Celsina Teixeira, Série: correspondências, caixa 2, maço 1, n. 662.

Manda-me uma caixa de papel ordinário para cartas (…) Celsina.[12]

Campos, 28 de Março de 1913.
(…) O Elpidio, que vai buscar farinha e levar uns requeijões, deve estar ahi segunda-feira (…).
Juca.[13]

Campus, 5 de Janeiro de 1914.
(…) Estiveram ahi D. Anisio o Chico Bastos, gostaram? A missa foi concorrida? Sigo no fim desta semana p.ª o Mucambo. A procura de bois tem sido grande, tendo quase todos os fazendeiros já vendido. O Neves, que regressa com sua comitiva, é portador desta (…).
Juca.[14]

Caetité, 20 de Março de 1917.
Tio Rogociano
Desejo que Vm.ce e todos dahi gosem saúde.
Por telegramma de Papae, Vm.ce deve ter sabido das noticias desanimadoras do estado de Juca, que muito e muito tem me offlingido.
Telegrafamos ao Dr. Juliano, perguntando se elles dava alguma esperança de melhora; ao que elle respondeu; que "o estado era muito serio, mas que e todo o caso devia tratar, não garantindo modo absoluto." Em vista

---

12 CELSINA. *Carta para Juca.* Santa Bárbara, 14 de fevereiro de 1910. APMC, Grupo: José Antonio Gomes Ladeia, Série: correspondências, caixa 1, maço 1, nº. 82.

13 JUCA. *Carta para Celsina.* Campos, 28 de março de 1913. APMC, Grupo: Celsina Teixeira, Série: correspondências, caixa 1, maço 2, nº. 254.

14 JUCA. *Carta para Celsina.* Campos, 5 de janeiro de 1914. APMC, Grupo: Celsina Teixeira, Série: correspondências, caixa 1, maço 2, nº. 253.

Mulheres e poder no Alto Sertão da Bahia   55

disso, resolvi, de accordo com todos, que elle passe algum tempo no Rio, sob o tratamento do Dr. Juliano. Papae escreveu a Vm.[ce] a respeito, e eu venho tambem, pedir, para Vm.[e] recommendá-lo aos amigos do Rio; e quando chegar lá, peço verificar o estado delle, se com o tratamento está melhorando, e se é conveniente demorar até o fim do anno.[15]

Bahia, 2 de janeiro de 1918
(...) Devido ao exame dos meninos, que terminam a 17, só poderemos tomar o vapor de 22 em Juazeiro. As meninas queriam ir por Machado para chegarem mais depressa; eu então ia com Anísio, (cujo exame vestibular é a de 17 deste) pelo Juazeiro, por ser mais cômoda a viagem para Juca, que infelizmente volta quase no mesmo (...).
Celsina.[16]

É possível identificar, a partir da análise destas correspondências, indícios dos motivadores das viagens e inter-relações socioeconômicas desenvolvidas por Celsina e Juca nas cidades e distritos que compõem rotas de transito da família: Fazenda Campos (localizada no município de Monte Alto), fazenda Santa Bárbara (Caetité), Salvador e Rio de Janeiro. Com exceção do Rio de Janeiro, nas cidades e distritos citados estavam localizadas terras e imóveis da família Teixeira e do Barão de Caetité, que foram ao longo do tempo distribuídos aos respectivos herdeiros, dentre eles Celsina e Juca.

Celsina e Juca tinham em Monte Alto, áreas predominantemente rurais próximas ao rio São Francisco, propriedade de terras nas quais

---

15   CELSINA. *Carta para Rogociano*. Caetité, 20 de março de 1917. APMC, Grupo; Rogociano Pires Tixeira, caixa 1, maço 2, n°. 241.

16   CELSINA. *Carta Para Papae e Mamãe* (Anna e Deocleciano). Bahia, 2 de Janeiro de 1918. APMC, Grupo: Anna Spínola, Série: correspondências, caixa 1, maço 2, n°. 153.

se dedicavam à pecuária, agricultura e produção de derivados de leite e milho. Os deslocamentos constantes da família de Caetité à fazenda de Santa Bárbara (localizada na zona rural) e Campos (localizada no atual município de Monte Alto) tinham por objetivo administrar as atividades rotineiras das fazendas: trato com os empregados, cuidados com o rebanho, produção e venda dos derivados de leite e a venda e compra de gados.

Na localidade de Monte Alto viviam alguns parentes de Celsina Teixeira, dentre eles sua prima mais próxima, Anísia. Tratava-se de um distrito mais distante dos centros comerciais do Alto Sertão da Bahia e por isso dispunha de uma rede de comércio incipiente e com elevados preços devido aos encargos de transporte e lucros dos intermediários. Anísia, quando necessitava de enfeites, tecidos e outros gêneros relativos ao vestuário da moda, encomendava à prima Celsina, que adquiria com facilidade estes produtos em Caetité por um preço mais barato.

Os deslocamentos de Celsina Teixeira para a casa da família em Salvador se deram por ocasião dos preparativos do casamento desta, em busca de tratamentos de saúde para o filho e marido, para tratar de assuntos comerciais e acompanhar e visitar o filho e sobrinhos durante exames para vestibular e conclusão dos estudos de segundo grau e universitário. Devido à piora no estado de saúde do marido Juca, em 1917, Celsina Teixeira decidiu enviá-lo para o Rio de Janeiro, local em que supostamente teria acesso a técnicas de medicina mais avançadas, onde ficou sob tratamento médico por volta de dois meses.[17]

Percorrendo a variedade de anotações do acervo de Celsina Teixeira, é possível visualizar parcialmente o rol de produtos e ocupações componentes do quadro socioeconômico de Caetité e as relações comerciais estabelecidas direta e indiretamente com outras localidades e regiões, nas primeiras décadas do século XX.

---

17   Conforme: CELSINA. *Carta a Rogociano*. Caetité, 9 de Maio de 1917. APMC, Grupo: Rogociano Pires Teixeira, Série: correspondências, caixa 1, maço 2, n°. 210. Juca voltou do Rio de Janeiro para Caetité em 14 de abril de 1917.

A tabela abaixo foi elaborada com base nas informações extraídas dos cinco primeiros meses do "livro de receitas e despesas" do ano de 1916:[18]

Tabela 1: Despesas do ano de 1916

Alimentos	Materiais/ Utensílios casa/ Fazendas	Ocupações	Serviços	Outros
Carne verde	Fósforo	Gomadeira	Conserto	Cigarros
Azeite	Papel		de	Boneca
Ovos	Lamparina	Lavadeira	cangalhas	Livros
Miúdos	Selo			Remédios
Feira	Cal	Curraleiro	Conserto	*A Penna*
Chocolate	Pregos		da casa	Sapato
Verduras	Mercúrio	Cozinheira		Fumo
Manteiga	Pólvora		Serviço	Pano de
Marmelos	Chumbo	Camaradas	de	algodão
Carne de	Dobradiças	(pasto)	tapagem	Couro de
porco	Capim			carneiro
Pão	Sabão	Aguadeira	Capinar o	Bilhete (cartão
Banana	Bicarbonato		quintal	de visita)
Gabiroba	Bocais de	Vaqueiros		Mortalhas
Leite	candeeiro		Conserto	Telegrama
Farinha de	Goma	Encarregado	de curral	Lenha
trigo	Bloco de			Querosene
Bananas	envelope		Caiação	
Sal	Cartão		da casa	
Feijão				
Açúcar			Pastoreiro	

---

18 APMC, Acervo Particular Família Deocleciano Pires Teixeira, Grupo: registros contábeis, Série: livro caixa, caixa 2, maço 5.

Em relação aos produtos mencionados na tabela (alimentos, vestuários, materiais e outros), tendo por base a relação produção-consumo, a partir de Caetité, as informações fornecidas por Pedro Celestino da Silva corroboram para evidenciar a questão do dinamismo econômico da região. Pela descrição deste autor, citada abaixo, é possível afirmar, especificamente sobre o comércio de Caetité (como por exemplo, a feira livre), que a cidade na década de 1920 era produtora de gêneros agrícolas e importadora de produtos manufaturados:

> é relativamente próspero e está de acordo com os elementos naturaes da vida econômica do município.
>
> Mantém relações com a capital do Estado da Bahia e com os municípios vizinhos.
>
> **Importação principal:** fazenda nacionaes e estrangeiras, molhado, ferragens, miudezas, drogas, fósforos, calçados, louça, querosene, produtos farmacêuticos e outros.
>
> *Exportação: para regiões circunvizinhas*: gado, couro seco, peles, sola, algodão, borracha, feijão, arroz, milho, toucinho, rapadura, requeijão, aguardente e outros.
>
> **Feira:** O mercado é bem movimentado, encontrando-se gêneros da grande e pequena lavoura: feijão, arroz, milho, carne do sol, toucinho, farinha de mandioca e de milho, tapioca, açúcar, rapadura, queijos, requeijões, couros, peles, algodão em rama, utensílios de chifre, balaios, esteiras, chapéus, legumes e verduras, frutas diversas, tudo com fartura, nos anos em que há abundancia de chuvas e por preços baratíssimos. (SILVA,1932: 172 e 173 – grifos meus).

Integrada à cadeia produtiva mencionada por Pedro Celestino, parte da renda obtida pelo casal Celsina Teixeira e Juca, era oriunda do comércio com gado e da venda de requeijões produzidos nas fazendas. Assim, no referido livro de receitas e despesas, não são raras as citações do tipo: "Rec. Manoel Cândido de 2 bois",[19] "Rec. do Chicão, compras de vacas".[20]

Este comércio dinâmico, evidenciado na comparação entre as duas fontes, contrasta, segundo Pires, com a "interpretação estanque e fragmentada dos sertões baianos" (2003: 38):

> Mas as capitais sub-regionais não tinham ambições de vida própria, restringindo-se apenas a fazer penetrar no meio rural as influências de Salvador. Centralizavam a produção agrícola do Recôncavo e do sertão e reenviavam-na à capital, donde era dirigida para o exterior. Tipo de organização de um espaço sub-regional que, na realidade, reforçava a dependência em relação à cidade de Salvador (Mattoso, 1978: 112, *Apud* Pires, 2003: 38).

A observação do trânsito de produtos entre cidades e região deve vir acompanhada de intensa circulação de pessoas internamente nas cidades e entre localidades próximas ou distantes. Assim, mesmo que mencionado de maneira indireta, nos registros deixados por Celsina Teixeira, a presença constante de sujeitos diversos realizando as mais diferentes atividades deve ser levada em conta como socialmente importante.

As "ambições de vida própria" para sujeitos como "gomadeiras", "lavadeiras", "cozinheiras", "lavradores", "aguadeiras", "leiteiros" (muitos na condição de ex-escravos), entre outros, devem ser pensadas em direção à sobrevivência diante das agruras quotidianas. Para estes segmentos sociais, que transitavam pelas cidades do Alto Sertão, nas primeiras

---

19   Grupo: registros contábeis, Série: livro caixa, caixa 2, maço 5, folhas de abril de 1916.

20   Grupo: registros contábeis, Série: livro caixa, caixa 2, maço 5, folhas de maio de 1916.

décadas do século XX, não é possível falar em ocupações eminentemente urbanas. Conforme observou Pires,

> (...) as cidades de Rio de Contas e de Caetité não representavam para seus moradores um lugar de realização de uma cultura urbana, assim como aconteceu em muitas localidades na virada do século XX(...) os costumes e hábitos de moradores das roças, praticamente não se diferenciavam daqueles que viviam nas pequenas cidades do alto sertão. Diferenças desta ordem se faziam sentir entre distintos segmentos sociais. Aqui, importa notar que além da grande proximidade física que unia a maior pare dos moradores das roças e cidades, muitos provinham do meio rural, com o qual não se desvinculavam. Um número considerável deles tinha seus sítios e rocinhas para onde iam e viam diariamente, ou visitavam amigos e parentes nos dias de folga. Em dias de feira livre, os trânsitos culturais eram ainda mais intensos (PIRES, 2009: 270).

Citados nominalmente ou não, a pesquisa da trajetória de vida dos aguadeiros Simplício, Benta, Maria Angélica, Benedicta, da jardineira Laurinda, da cozinheira Durvalina, entre muitos outros, apresenta-se como um grande desafio para o pesquisador.[21] Para estes sujeitos sociais, o *ir* e *vir* entre campo e cidade deve ser analisado em consonância com mecanismos implementados pelas elites locais na tentativa de regular o uso dos espaços da cidade.[22] Não convém aos

---

21 Destaca-se um importante livro publicado por Pires (2009). Nesta pesquisa a historiadora investigou mediante criteriosa análise de inventários *post-mortem* e processos crimes, fragmentos das trajetórias (os "fios da vida") de ex-escravos antes e depois da abolição.

22 Este tema encontra-se abordado na historiografia regional. Ver PIRES (2009) e SANTOS (2001).

objetivos dessa pesquisa analisar a aplicação desses mecanismos de vigilância e controle. Contudo, registra-se que a própria intenção disciplinadora implica na existência da transgressão, evidenciando uma tensão constante no cenário local.

Na outra ponta do tecido social e também com "ambições de vida própria", estavam as elites locais a forjar um espaço regional organizado, de acordo com interesses políticos e econômicos específicos. Tanto a documentação presente na "Casa do Barão" (família Gomes e Lima), quanto a da família Teixeira evidenciam fartamente, desde longa data, acordos políticos, nomeações para cargos, favores e apadrinhamentos em benefício dos grupos a eles ligados:

> Bahia, 20 de novembro de 1860
>
> Ilmo. Sr. Dr. José Antonio Gomes Netto,[23] (confidencial)
>
> (…) Muita coisa fizemos ultimamente pelo nosso amigo Cel. Spinola: foi uma grande vitória, que, me parece, deve facilitar muito a questão eleitoral.
>
> A respeito do 1º Suplente do delegado desse termo – apesar dos meus esforços – não lhe posso ainda mandar um resultado convincente. A época é a menos própria, pois que todos tem os olhos fixos no governo, para ver se ele faz demissões e nomeações agora. O Saraiva, com que tenho conversado a respeito de V. Sª, nos mostra os melhores desejos, mas não vê também muita probabilidade de êxito agora. Aguardemos um pouco.
>
> *Quanto a V. Sª – fique tranquilo – que terá comando na delegacia.*[24]
>
> Victória, 19
>
> Papae

---

23   Barão de Caetité (1822-1890).

24   Casa do Barão de Caetité. Acervo particular. Grupo: José Antônio Gomes Neto (Barão de Caetité), Série: correspondências pessoais, s/notação (grifos meus).

(…) Toda essa demora por vezes em responder não quer dizer que me descuide dos seus pedidos. A minha intenção única é este sertão, para o qual desejava pelo menos uma política honesta e de trabalho.

Ficam sob a nossa immediata direcção Caiteté, Ganamby, Monte Alto e Urandy. Ituassú, Paracacy, Paramirim ficam com o Homero Pires, quer dizer, connosco. Homero fica com vários outros, ao todo creio que 8.

Creio com certa segurança que dirigiremos mais dia, menos dia a política desta zona.

No momento só nos resta ter paciência com o terrível império das circunstâncias…

Ahí em Caiteté, ficamos com as auctoridades, o hitendente, três Conselheiros e quatro supplentes. Afinal penso não tem significação o que foi dado aos Tanajuras. Lagoa Real tem sua subdelegacia sujeita a Caiteté. Que pode fazer?

Agora, é esquecer o partidarismo que a lucta fez nascer e voltar Caiteté aos bons tempos de *uma só família.* (este grifo é do autor)

O João Tanajura o governo vae nomeál-o para uma zona mais distante dahí que fôr possível. Conhece-lhe a chronica…

Para as duas vagas de Conselheiros devem marcar logo as eleições e eleger os nossos amigos que não foram reconhecidos.

Vai ficar satisfeito com o novo promotor, rapaz intelligente, de preparo e optimo caracter. Tanto o dr. Mascarenhas como o dr Alibert *irão honrar o nosso Caiteté.*

Com a ultima feição da política não pude nomear o collector de Caculé apezar da promessa formal do dr. Falcão.

Para Ganamby segue em commissão Joaquim Antonio de Andrade, que já ahi esteve e conhece bem a zona e aos nossos amigos.

Para Monte Alto segue o collector de B. J. dos Meiras por ter sido reintegrado o Abílio da Silva Leite, conforme recommendação sua. (…)

Recebi seus telegramas recommendando o Prof. Ângelo e D. Euphrosina.

(…) Para o Prof. Ângelo chegou o seu telegrama a tempo de me pôr de sobre aviso para uma perseguição que a política de C. Alves quer fazel-o soffrer.

Tenho estranhado falta de noticia dos meninos. O Dr. Calmon quer refazer as nomeações policiaes do Seabra, inclusive as dahí. Telegrapharei sobre isso. Abraços.

Pede a bençam o

Anísio.[25]

Ao longo das trajetórias dessas famílias tais acordos geraram amplas vantagens políticas. Vale mencionar que Rodrigues Lima, grande proprietário de terras e genro do Barão de Caetité, foi o primeiro governador da Bahia eleito pelo voto "direto".[26]

A carta de Anísio Teixeira ao pai evidencia grandes benefícios políticos, oriundos da eleição de Góes Calmon para o governo do

---

25 Anísio. *Carta para Deocleciano*. Bahia, Vitória, 1924. Fundação Getúlio Vargas (FGV). Arquivo: Anísio Teixeira, Classificação: AT c 1922.03.06 Data: 6/02/1922 a 18/08/1930, Qtd de documentos 48: (199 fl.) – grifos meus.

26 Por voto direto naquele período subentende-se, "bico-de-pena, a descoberto, o bicório, que permitia todas as fraudes e fortalecia o poder dos coronéis." (Tavares, 2001: 306, *apud* Pires, 2009: 257)

Estado, em 1924.[27] Além da nomeação para vários dos "nossos amigos", essas alianças renderam o retorno da escola normal para a cidade de Caetité, em 1926.[28]

No caso específico da família Teixeira, quando o "império das circunstâncias" políticas em Salvador foi favorável, a grande rede de sociabilidade (terras, poder econômico, influência política e apadrinhamentos) construída ao longo dos anos foi fundamental para consecução dos objetivos do grupo.

Indícios desse aspecto estão presentes em várias correspondências enviadas para Deocleciano Pires Teixeira, onde constam assinaturas do tipo "afilhado, e obsequioso amigo". A partir dessas evidências é possível analisar as relações de parentela e apadrinhamento construídas pelas famílias da elite caetiteense. Segundo Mattoso, estas redes de relações evidenciam "uma associação de solidariedade familiar muito flexível e multifuncional". Para esta historiadora, a parentela, "como o apadrinhamento, era uma via de multiplicação das solidariedades, um fator de coesão do grupo, um motor para todas as promoções"(MATTOSO, 1992: 176).

Esquadrinhar as minúcias desses acordos e relações em Caetité foge às pretensões dessa pesquisa. Destaca-se, no entanto, a solidez das alianças cujas bases ramificam-se em diversas direções, tanto externas quanto internas à cidade e região.

No contexto do Alto Sertão nas primeiras décadas do século XX, não é apenas através das nomeações e acordos que as atuações políticas das famílias podem ser percebidas. Ao mudar o foco de observação

---

27 Sobre a trajetória política da família Teixeira ver Aguiar (2011), em especial o capítulo 3, intitulado: *"Do ostracismo [in] voluntário ao soerguimento da Bahia: as estratégias de conolidação política da Família Teixeira"*. Utilizando como fonte privilegiada as correspondências pessoais desta família, neste estudo a autora faz uma importante análise sobre as estratégias políticas dos Teixeiras, destacando, sobretudo, a trajetória de Deocleciano Pires Teixeira, um dos principais chefes políticos do Alto Sertão, entre os anos de 1885 a 1930.

28 A primeira Escola Normal de Caetité foi fundada durante a gestão do governador Rodrigues Lima (1892 a 1996). Devido às divergências políticas entre o coronel Deocleciano Pires Teixeira e o governador eleito Severino Vieira, a referida escola encerrou suas atividades em 1904.

é possível entrever indícios de outras maneiras de influências e outras formas de atuação no cenário local.

Esta mudança da maneira de olhar não significa denominar, por exemplo, as atuações políticas de Deocleciano Teixeira no Alto Sertão e Anísio Teixeira, em Salvador, como públicas, e as atuações de Celsina Teixeira, em Caetité, como privadas. As correspondências e outros documentos produzidos pelas mulheres da elite evidenciam um quotidiano rico em atuações políticas, amplamente visíveis quando observadas atentamente.

Na esteira dos estudos sobre a família no Brasil, Oliveira observou "uma pluralidade de modelos e de atitudes, onde a atuação feminina foi repensada, o patriarcalismo foi questionado, a noção de família extensa foi relativizada e novos grupos sociais passaram a ser objeto de análise"(OLIVEIRA, 2005: 157).

Nessa perspectiva, nuances das práticas políticas de Celsina Teixeira, ao longo dos anos de 1901 a 1927, e de outras mulheres do seu grupo social, serão discutidas no decorrer dessa pesquisa.

Após a definição aproximada do cenário, onde se desenrolou a trama histórica presente nos documentos, com o intuito de captar o processo de escrita dos (as) missivistas ora analisados e os indícios das necessidades imputadas ao ato de escrever, no próximo capítulo, será centrada análise na escrita epistolar desenvolvida no Alto Sertão da Bahia, durante o período estudado. Com ênfase na escrita feminina, também serão observadas maneiras de atuação nos interstícios entre receber e responder correspondências.

Imagem 3: Vista parcial da cidade de Caetité. Acervo do Arquivo Público Municipal de Caetité [autoria desconhecida, s. d.].

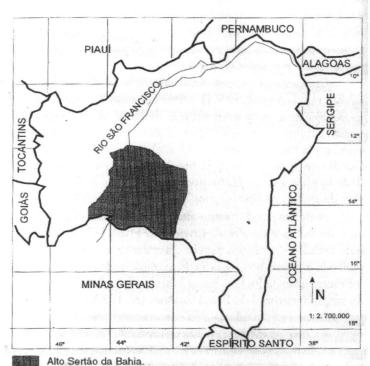

Imagem 4 – Mapa 1: Região Imaginária: O Alto Sertão da Bahia, In: Estrela, 2003: 38.

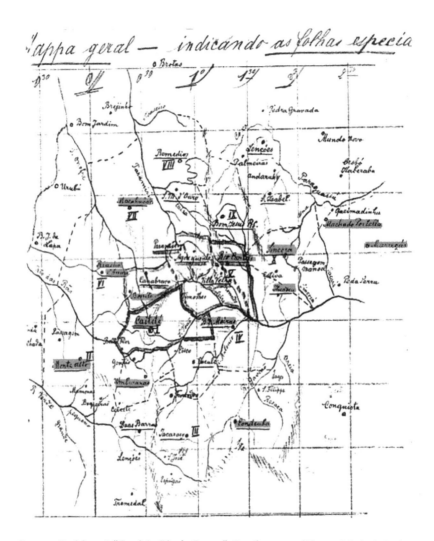

Imagem 5 – Mapa 2: "Caetité e Rio de Contas". Gentilmente cedido por Maria de Fátima N. Pires (2009: 110). Adaptação elaborada com base nas informações presentes nas correspondências. Em destaque, algumas localidades mencionadas nos documentos: Caetité, Monte Alto, Condeúba, Bonito (atual Igaporã), Bom Jesus dos Meiras (atual Brumado), Ituassú, Sincorá, Maracás, entre outras.

Capítulo II - Entre receber e responder: as ações femininas

"Em outra ocasião responderei, não fazendo agora por falta de tempo"

CONFORME OBSERVAÇÃO REALIZADA anteriormente, na parte introdutória desta pesquisa, a metodologia arquivística empregada durante o processo de catalogação das correspondências consistiu na recuperação da relação remetente-destinatário. Por isso, os diversos grupos criados foram denominados em consonância com as correspondências recebidas e emitidas por alguns membros da família Teixeira.

No entanto, em relação à produção historiográfica advinda da análise desses documentos, a pretensa recuperação da relação remetente-destinatário jamais será alcançada na sua plenitude. Segundo Certeau, isso ocorre porque

> Em história, tudo começa com o gesto de *separar*, de reunir, de transformar em "documentos" certos objetos distribuídos de outra maneira. Esta nova distribuição cultural é o primeiro trabalho. Na realidade, ela consiste em *produzir* tais documentos, pelo simples fato de recopiar, transcrever ou fotografar estes objetos

mudando ao mesmo tempo o seu lugar e o seu estatuto (CERTEAU, 2000: 81).

De acordo com Certeau, ao serem reunidas, transcritas e fotografadas, as cartas perderam seu estatuto, transformando-se em fontes históricas numa "nova distribuição cultural". Sem contrastar com esse aspecto, o objetivo dessa discussão será recuperar parcialmente o estatuto original das cartas, porém não no sentido da relação entre remetente-destinatário, mas sim na prática da escrita epistolar, enquanto elo de comunicação e sociabilidades, inserida no "tempo e no espaço social"(DAUPHIN *et al*, 2002: 80) do Alto Sertão da Bahia.

O primeiro aspecto a ser destacado nessa discussão diz respeito ao montante total de correspondências catalogadas no acervo. Entre recibos e cartas enviadas a Deocleciano Teixeira, foram registradas mais de 2800[1] documentos e o mesmo pode ser verificado em relação ao montante de Celsina Teixeira, cuja contagem atingiu aproximadamente 1198[2] cartas recebidas.

O montante de correspondências produzidas pela família Teixeira, somada ao de outros grupos, como as que foram catalogadas para as famílias Gomes e Lima, se por um lado pode impressionar pela quantidade, por outro, corrobora para documentar a grande rede de relações sociais mantidas na região a partir de Caetité.

Entre as cidades, interligadas por essa rede, encontram-se as localidades inseridas na região do Alto Sertão, Chapada Diamantina, Recôncavo, Salvador e as situadas em outras regiões, como São Paulo, Sorocaba, Bauru e Rio de Janeiro.

A análise das correspondências indicou que a principal maneira de envio de cartas, encomendas (tecidos, papéis de carta, doces etc.) e algumas somas de dinheiro, sobretudo nas cidades localizadas na Bahia, era através de um "portador", que poderia ser um tropeiro ou algum conhecido em viagem para a localidade, onde se encontrava o destinatário.

---

1 Este número equivale ao período entre as duas últimas décadas do século XIX até o ano de 1930.

2 Equivalente aos anos de 1901 até a década de 1960.

Caetité, 21 de Fevereiro de 1908
(...) *Por sua carta à Mamãe vinda pelo José Alexandre,*
que chegou anteontem, soubemos que V. e todos fizeram muito boa viagem, o que muito e muito estimamos, pois estávamos ansioso para termos noticias. Recebemos também o seu sertãozinho. Todos d'aqui felizmente gozam saúde (...) Tilinha.[3]

Caetité, 14 de Abril de 1916.
Sissinha
(...) *Será portador d'esta a Euzebio,* que viaja de madrugada.
Aceite abraços de
Tilinha.[4]

Sobre essa forma de envio, Pedro Celestino da Silva observou que, na década de 1920:

As tropas eram então, o único meio de transporte, representando ellas um effectivo de muitas centenas de animaes cargueiros, empregados do inter porto do commercio para condução de mercadorias e passageiros. A aspereza dos caminhos, a falta de pontes nos rios transbordados, na estação das águas, aumentando as dificuldades, torna um supplicio para os viajantes vencerem estradas destruídas e atoleiros transformados em verdadeiros tremedaes, de sorte que tão penoso e

---

3 TILINHA. *Certa para Celsina (Sissinha)*. Caetité, 21 de Fevereiro de 1908. APMC. Grupo: Celsina Teixeira, Série: correspondências, caixa 1, maço 1, n°. 25(grifos meus).

4 TILINHA. *Certa para Celsina*. Caetité, 14 de Abril de 1916. APMC, Grupo: Celsina Teixeira, Série: correspondências, caixa 1, maço 1, n°. 645(grifos meus).

moroso percurso bem mostra a deficiência de transporte no sertão que por largo tempo viveu esquecido dos poderes públicos, no mais injustificavel abandono (SILVA, 1932: 173).

Havia também, como indicam algumas cartas, um precário sistema de correio oficial. De acordo com Pedro Celestino, as agências de correio foram criadas anda no século XIX:

> Há em todo município 4 agencias de correio, sendo de 3ª classe a da cidade (...). Pela agencia de Caetité são expedidas malas para: Monte-Alto, Urandy, Gamelleira de umburanas, Espinosa (Lençóes do rio Verde-Minas), Guanamby e Brejinho das Amethistas (SILVA, 1932: 175-176).

Outra forma de comunicação recorrente do período foi o telégrafo.[5] É bastante significativo o número de telegramas no acervo, e as informações neles presentes permitem afirmar que este meio era utilizado para veicular com maior rapidez notícias importantes, como por exemplo, a boa chegada a uma localidade distante após dias de viagem ou o nascimento e morte de alguém. Devido à imprecisão de outras informações, como local de envio, remetente e data, não foi possível utilizá-los como fontes nessa pesquisa, bem como também não foi possível afirmar quais cidades estavam interligadas por esse sistema, além de Caetité e Salvador.

Diante das informações sobre o sistema de comunicação do período, é possível analisar a maneira como os ritmos de tempo aparecem nas correspondências.

Segundo Bastos (*et al*, 2002: 5): "As cartas seguem um protocolo, obedecem a um outro ritmo de tempo: levam um tempo para chegar,

---

5   Segundo Pedro Celestino, a linha telegráfica de Caetité foi inaugurada em 29 de março de 1896, durante o governo de Joaquim Manoel Rodrigues Lima (SILVA, 1932: 176).

muitas vezes demoram para serem respondidas e, não raro, demoram para retornar".
Informações sobre ritmos de tempo não são raras nas correspondências do acervo. Ao contrário, para uma comunidade do Alto Sertão da Bahia, na primeira metade do século XX, elas sugerem ritmos de tempo variados, o tempo dos percursos entre uma localidade e outra, o tempo das notícias de alguém distante, o tempo contido entre receber e responder cartas.

Imagem 6: Vista parcial da cidade de Caetité. Ao centro a antiga Casa de Câmara e Cadeia, atual arquivo público municipal. Acervo do Arquivo Público Municipal de Caetité (autoria desconhecida, 1921).[6]

Inicialmente, a partir da análise de alguns trechos, é possível ter uma noção do percurso de pessoas, mercadorias e correspondências, todavia este percurso relaciona-se também às dificuldades de transporte e de comunicação do período (SANTOS, 2001: 67) Em 1908, estabelecida em

---

6   No verso da fotografia, há a seguinte frase: "Dindinha, aceite no dia de hoje sinceros parabéns, com votos de perene felicidade, de Leontina Celso e Ernani. Bª. 9 – 6 – 921)".

Salvador, Celsina Teixeira recebe da irmã a seguinte correspondência enviada de Caetité:

> Caetité, 7 de abril de 1908
> Querida Sissinha
> Foi com grande satisfação, e ao mesmo tristeza que recebi sua cartinha de 14 do mez passado.
> Senti alegria por ter suas noticias, e tristeza quando lembrei que estávamos tão distantes.
> Todos d'aqui estão bons, e faço votos para que esteja acontecendo o mesmo com todos d'ahi.
> Por sua carta vi que V. já havia me escripto, não recebi, esta foi a primeira carta que recebi depois que V. chegou ahi; assim como só fala que recebeu a minha do dia 21, pois eu e Mamãe já havíamos escripto no dia 5 de Fevº, V ainda estava em viagem junto também uns cartãosinhos de visita para Yaya e Tiinha, com certeza extraviaram como a sua (…).[7]

No trecho transcrito acima são citadas quatro cartas: a primeira, enviada por Celsina, residente neste período em Salvador, para Tilinha, então em Caetité, parece ter sido extraviada; a segunda e a terceira, escritas por Tilinha no dia 5/02/1908 (também extraviada) e no dia 21/02/1908; a quarta, escrita por Celsina no dia 14/03/1908; e a quinta, de Tilinha para Celsina, escrita no dia 7/04/1908. Assim, para este conjunto de missivas e pelos indícios contidos no trecho citado, a periodicidade delimitada entre receber e responder foi em torno de 21 dias para cada carta.

Há entre as duas correspondências alguns elementos em comum cujas análises devem ser apontadas. Primeiramente chamam a atenção aspectos relacionados às queixas entre as missivistas a respeito da

---

7   TILINHA. *Carta para Celsina*. Caetité, 7 de abril de 1908. APMC, Grupo: Dona Celsina Teixeira, Série: correspondências, caixa 1, maço 1, nº. 49.

demora do recebimento das correspondências enviadas. Elas fazem referência, entre outras coisas, ao sistema de comunicação da época, tais como inexistência ou precariedade das estradas, sistema de comunicação deficiente, meios de transporte "antiquados" etc. Sobre este aspecto, Santos afirma que:

> A tropa de burros foi por muito tempo o único meio utilizado no Alto-Sertão para o transporte de mercadorias e pessoas a longas distâncias. Em 1914, esta atividade ainda era muito comum, como se pode ver nesta referência do Jornal *A Penna*: "*O homem, para d'aqui remover-se, tem necessidade do ronceiro muar, da cangalha e dos tantos apparelhos complicadíssimos que ainda estão em uso geral n'estas alturas para o desespero do viajante*" (SANTOS, 2001: 68).[8]

Alguns anos mais tarde, pelo menos para um determinado percurso, a utilização do "ronceiro muar" como meio de transporte parece ainda frequente. Em um breve relato de viagem, o filho de Celsina Teixeira, Edvaldo, provavelmente com destino a Salvador, informou à mãe sobre as dificuldades enfrentadas por ele durante o percurso até Sincorá (atual Contendas do Sincorá):

> Sincorá, 21 de Março de 1928.
>
> Mamãe
>
> Cheguei aqui bem graças à Deus, apezar de logo após algumas horas a sahida; ter sentido a vista aborrecida, passando com forte dôr de cabeça a qual passou graças a um pedaço de muquiba especie de rôlha de pau, que deu-me Eusébio para cheirar.

---

8   O trecho do jornal "*A Penna*" mencionado por Santos (2001: 68), aparece em seu trabalho com a seguinte referência: Anno III, nº 59, 10/04/1914, p. 1.

Passada esta crise com a qual seria impossivel viajar, parti no dia seguinte, são, porém importunado pelo sol abrasador de rachar até a chegada aqui. A viagem não foi tão facil como pensava de fazer em 3 dias e ½, pois só me foi possivel chegar hoje, passando um dia em compania de Chico Pires que chegou antes de mim. Elle está bem enthusiasmado com as estradas de rodagem sempre em movimento e actividade; agora mesmo já começou a estrada para Gurutuba; e não contente com a recomendação à Oscar de comprar o automovel Ford novo, ainda insistiu na minha estada para não me esquecer de lembrar a Oscar o automovel. Por Chico Pires soube que houve grande festa no dia 19 em honra a S. José, com procissão etc.; fiquei sentido não estar ahi para assistir; porém resignei-me vendo-me em caminho da nova vida que vou sentenciar, se bem que supportando o preguiçoso e antigo meio de viajar, o automovel sertanejo ou cavallo. A Viagem sob o ponto de vista de hospedagem foi optima.

Fallei ao Correia sobre o quadro de Vmcê, disse-me elle ter mandado a 9 deste por um tropeiro, assim como umas encomendas, que seu Quincas deixou aqui. Vou sempre pedindo à Deus para vir em meu auxilio, e que restabeleça Vmcê completamente do braço, por causa do qual q me tem feito ter m [muita] pena de Vmcê. ficado aborrecido. São 10 e cinco e tenho de seguir as 4 da manhã, por isso não me estendo mais. E pedindo a Deus por Vm^{cê}.

Peço abençoar o filho de coração mto. am°.

Edvaldo.[9]

---

9   EDVALDO. *Carta para Celsina*. Sincorá, 21 de Março de 1928. APMC, Grupo: Celsina Teixeira, Série: correspondências, caixa 2, maço 1, n°. 687(grifos meus).

Segundo Celestino, citado por Santos (2001: 70), o município contava, nas primeiras décadas do século XX, com uma malha viária composta por oito estradas de rodagem, entre elas, a estrada até Contendas do Sincorá (com 240 Km e 6m de largura), cujo percurso, segundo o relato acima, era realizado em cerca de três dias e meio a quatro dias, suportando "o sol abrasador" do sertão e utilizando-se para tal fim, "o preguiçoso e antigo meio de viajar, o automóvel sertanejo ou cavallo". Diante dessas e de outras dificuldades, é compreensível a maneira sôfrega como é aguardada a abertura de novas estradas de rodagem e a chegada do automóvel.

No entanto, aos olhos da elite local, estas dificuldades são oriundas do atraso da região em relação às outras partes do país, onde o progresso era considerado um resultante da ampla presença de rede de estradas de rodagem, automóveis, sistema de comunicação etc.; cujo reflexo incide, entre outras coisas, em obstáculos para recebimentos de notícias de parentes distantes, bem como em dificuldades para a realização de atividades que dependiam de encomendas vindas de localidades distantes como Salvador.[10]

Mesmo que parte da viagem fosse realizada de trem, no trecho entre Salvador e Recôncavo, comparando-se este relato de viagem com outras correspondências, que mencionam percursos em sentido contrário, ou seja, de Salvador a Caetité, é possível estimar o tempo de viagem entre as duas cidades em oito a dez dias. Ao ter em conta o tropeirismo como uma das formas de envio das cartas e encomendas, sugere-se um tempo maior para a chegada das mesmas, quando vindas de localidades mais distantes, como por exemplo 21 dias, visto que o objetivo precípuo

---

10 Em seu estudo, Santos (2001) analisa de maneira bastante crítica as estratégias da elite local para implementar os "sonhos do progresso". Utilizando o conceito de "enquadramento de memória" desenvolvido por Michel Pollak, Santos analisa o "processo de construção de uma memória que se pretendia hegemônica" a partir do "enquadramento das memórias dos variados segmentos sociais que se encontravam à margem dos organismos do poder público e visava a manutenção da ordem social vigente" (2001: 11).

de quem realiza esta atividade é o comércio entre localidades diversas, e não apenas uma viagem propriamente dita.[11]

De acordo com Santos (2001), durante as duas primeiras décadas do século XX, a cidade de Caetité assistiu aos esforços da elite local para a construção e melhoramento de estradas com vistas a "retirar a cidade e todo o município do seu estado de *imobilismo* e *estagnação*".[12] Tais esforços resultaram, por exemplo, na construção na década de 1940, no "campo de pouso de aviões".

Neste ponto, vale salientar que o aumento do fluxo de trocas epistolares, empreendido por Celsina Teixeira e seus demais missivistas, coincide com este período de melhoria da rede de transporte e comunicação. Porém, curiosamente, uma análise das listas de correspondências catalogadas não evidencia mudanças significativas no número de missivistas a partir deste mesmo período. Apesar das grandes dificuldades de comunicação nas três primeiras décadas do século XX, como as anteriormente mencionadas (extravio de correspondência, tempo de viagem, meios de transportes relativamente atrasados), a rede de sociabilidade construída por aqueles sujeitos e a necessidade de se comunicar, produzindo textos que contavam fragmentos de suas histórias, se sobrepôs a esses problemas.

É fundamental destacar que a correspondência em si não pode ser considerada como principal elemento para a formação de redes de sociabilidades todavia, ela possui uma função primordial na manutenção e reforço destas redes, sobretudo à distância, cuja formação

---

11 Segundo Pires, "através do movimento das tropas assegurou-se o abastecimento da região até as primeiras décadas do século XX, quando gêneros da agricultura eram exportados para cidades próximas e para Salvador, de onde importavam 'produtos industriaes' (...). As tropas tiveram importância basilar na vida socioeconômica do Alto Sertão. Garantiram o comércio interno de gêneros da agricultura, do algodão (produto de exportação) e mantiveram o sertão articulado com outras localidades, possibilitando um intercâmbio dinâmico entre o 'sertão distante' e outras localidades. Além disso, atualizavam as populações sertanejas de notícias da capital da província e de outras regiões com que mantinham relações comerciais"(2009: 155).

12 *Idem*: 69.

se concretiza a partir dos lugares ocupados pelos sujeitos em suas experiências quotidianas.

Seja qual for o tempo do percurso da correspondência ou a forma de envio, o período entre receber e responder cartas também está condicionado ao tempo pessoalmente disponível para escrevê-las. Neste ínterim, as cartas possibilitam visualizar atuações femininas no contexto social, poucas vezes percebidas em outras fontes. Para esta discussão convém trilhar novamente as pistas deixadas por estas mulheres em seus deslocamentos:

> Caetité, 19 de março de 1908
>
> Vanvan e Sissinha
>
> "(...) É de admirar, Vanvan eu não digo, porém Sissinha que tem tanta facilidade em escrever, será possível que não encontre uma *hora vaga*. Papai acha graça quando a mamãe fala, diz que é assim mesmo, que não tem tempo, ora um passeio, ora uma visita, e assim *vai passando o tempo* (...)".[13]

No comentário aplicado pelos pais e relatado pela irmã, há uma nítida incompatibilidade entre os passeios e visitas pela capital do Estado e a obrigatoriedade de se enviar notícias. "Passeios", "visitas" e outras atividades, dentro e fora do contexto doméstico, ganham contornos de uma suposta trivialidade e a questão da falta de uma "hora vaga" é entendida pelos pais como não cumprimento daquela obrigatoriedade, afinal esta é uma das principais funções das correspondências femininas, manter "a família e os amigos próximos e atualizados"(CARVALHO, 2008: 52). Contudo, naquele momento e em outros, Celsina Teixeira e demais mulheres do seu grupo social parecem exercer uma série de atividades que, pensadas a contrapelo, ganham contornos favoráveis a uma acepção histórica.

---

13 TILINHA. *Carta para Vanvan e Celsina*. Caetité, 19 de março de 1908. APMC, Grupo: Celsina Teixeira, Série: correspondências, caixa 1, maço 1, n°. 47/48(grifos meus).

A reclamação tecida pela irmã motiva-se não somente pela falta de notícias de parentes, mas também pela demora da chegada das diversas novidades, que as viagens para a capital do Estado suscitavam. Segue abaixo a transcrição na íntegra da carta em que Anísia, da localidade de Monte Alto, em 1º de agosto de 1905, escreve para a prima, comenta sobre a demora em receber notícias e também justifica-se pelo atraso na resposta:

> Querida Cimcim:

> Desejo-lhe saude em companhia de todos de casa. Minha mãe melhorou muito depois que aqui chegou e está quase restabelecida.

> Meu pae está bem incommodado com dôr de dente tem tido febre e é por este motivo que não escreve a Tio Doutor. Eu tenho gozado muita saude assim como ás meninas.

> Ha tempos que não recebo carta sua, a ultima que recebi estava nos Três-Irmãos.

> Temos recebido cartas de José e Francisquinho; estão satisfeitos e estudando bastante como V. deveria ter visto pelo boletim que meu pai enviou a Tio Doutor. Elles não esquecem de V V. e sempre mandam lembranças e pede noticias.

> José está quase bom da ferida na perna.

> Pretendemos voltar para a roça em Setembro; já accostumei com a vida da roça e fico contrariada com a vida privada das Villas.

> V. Vanvan, Tia Donana, Tilinha e os meninos aceitam lembranças de minha mãe e das meninas. *Em outra occasião lhe escreverei extensamente, não hoje por estar com pressa.*

> Envio-lhe um apertado e saudoso abraço.

Mulheres e poder no Alto Sertão da Bahia 83

Passe bem, divirta-se muito não esquecendo da prima.
Anisia.[14]

Como foi destacado anteriormente, foram vários os obstáculos que dificultavam sobremaneira as comunicações entre pessoas de localidades distantes, nas três primeiras décadas do século XX. Tais dificuldades acarretavam lacunas de notícias que eram expressas em frases como: "(...) Há tempos não tenho suas amáveis notícias, e o fim principal desta é vistar-lhe e pedir ao mesmo tempo que continue sempre a escrever-me (...)",[15] ou "(...) lhe escrevi e não tive resposta (...)";[16] ou ainda: "(...) Outro dia quando estava surprehendida, com a demora de carta sua e mesmo mto, triste por ignorar tão grande silencio (...)".[17] Estas queixas, que à primeira vista foram analisadas sob o prisma das dificuldades de comunicação, ganham outros contornos quando pensadas sobre a perspectiva da inserção em outras atividades, para muito além do simples, porém não menos importante, relato de família.

Corroboravam para esta discussão as justificativas dadas pelas próprias missivistas: "(...) Em outra occasião lhe escreverei extensamente,

---

14 ANÍSIA. *Carta para Celsina*. Monte Alto, 1º de agosto de 1905. APMC, Grupo: Celsina Teixeira, Série: correspondências, caixa 2, maço 1, nº. 656(grifos meus). O "Tio Doutor" e a "Tia Donana" são, respectivamente, o coronel Deocleciano Pires Teixeira e sua esposa, D. Ana Spínola Teixeira. São vários os apelidos carinhosos recebidos por Celsina Teixeira nas cartas. Os mais comuns são "Cincim", "Sinssim" ou "Neném".

15 ANÍSIA. *Carta para Celsina*. Bella-flor, 2 de maio de 1911. APMC, Grupo: Celsina Teixeira, Série: correspondências, caixa 2, maço 1, n.º 744. A localidade de Bella-flor é o atual município de Guanambi, cidade vizinha e cerca de 40 km distante de Caetité.

16 ANÍSIA. *Carta para Celsina*. Monte Alto, 11 de julho de 1906. APMC, Grupo: Celsina Teixeira, Série: correspondências, caixa 2, maço 1, nº. 662.

17 ANÍSIA. *Carta para Celsina*. Caldeirão, 15 de agosto de 1904. APMC, Grupo: Celsina Teixeira Ladeia, Série: correspondências, caixa 2, maço 1, nº. 661.

não hoje por estar com pressa (…)";[18] (…) Não respondi a sua ultima carta devido ás occupações que tenho tido desde 6 de Julho (…)";[19]

> (…) Há muito faço tenção de lhe escrever, mais ora uma cousa, ora outra, e também um pouco de preguiça, vou sempre adiando; peço não levar a mal esta escassez de noticias da minha parte (…);[20]

> (…) Recebi um cartão de Yaya e em outra ocasião, responderei, não fazendo agora pro falta de tempo. Já fico veixada porque todas ás vezes que lhe escrevo, dou esta desculpa de falta tempo; V. não avalia como a minha vida é trabalhosa (…).[21]

"Estar com pressa", "ocupações", "ora uma cousa, ora outra", "vida trabalhosa", estas justificativas podem soar como desculpas vagas, diante da possibilidade de atritos com parentes por causa da falta de notícias, entretanto estes indícios permitem afirmar também, que o hiato entre receber e responder correspondências pode ser causado pela inserção em atividades diversas, acarretando uma falta de tempo para escrever, mesmo considerando a importância de enviar notícias aos parentes distantes.

Na grande rede de relações mantidas e reforçadas pela escrita epistolar, nas entrelinhas das queixas sobre a demora em receber a resposta da carta escrita há dias, existiam hiatos de tempo que foram, neste primeiro item, discutidos, ressignificados enquanto atuações, redes de

---

18 Anísia. *Carta para Celsina.* Monte Alto, 1º de agosto de 1905. APMC, Grupo: Celsina Teixeira, Série: correspondências, caixa 2, maço 1, nº. 656.

19 Esta citação é parte integrante da resposta elaborada por Celsina na forma de rascunho escrita no verso da carta envida por Anísia, conforme citação anterior.

20 Leontina. *Carta para Celsina.* Bahia, 21 de agosto de 1927. APMC, Grupo: Celsina Teixeira, Série: correspondências, caixa 1, maço 1, nº. 23.

21 Anísia. *Carta para Celsina.* Pajehú, 23 de janeiro de 1905. APMC, Grupo: Celsina Teixeira, Série: correspondências, caixa 1, maço 1, nº. 654.

sociabilidades, construção de autonomia, inserções sociais diversas e distantes do estritamente normativo.

O próximo passo agora visa, através de indícios presentes nas cartas e em outros documentos, o detalhamento da trajetória percorrida por Celsina Teixeira, de modo a perceber como se processaram as ações, as redes de sociabilidade e autonomia desta personagem, nos diversos âmbitos da vida social.

Capítulo III – Trajetórias

Parte I - Traços da educação feminina no Alto Sertão baiano

*"Vanvam e Tilinha vão bem, na mesma vida daí,
às voltas com as costuras"*

A ELABORAÇÃO DA LISTA DE CORRESPONDÊNCIAS recebidas, organizadas em ordem cronológica e por local de envio, apontou que após o início do ano de 1908, Celsina deslocou-se para Salvador e nesta localidade permaneceu até o casamento, realizado no dia 6 de fevereiro de 1909.[1] Para uma jovem sertaneja a mudança para a capital do Estado, aos 20 anos de idade, significou muito mais do que um mero deslocamento entre localidades distantes. O primeiro reflexo dessas mudanças está no próprio teor das correspondências, cujo conteúdo apresenta sutis diferenças que devem ser analisadas para muito além da simples mudança do local de morada ou de envio das cartas. A fim de se perceber o significado dessas mudanças, convém discutir questões relacionadas à maneira como se processou a formação educacional das mulheres de Caetité no final do século XIX e início do século XX, as tensões provenientes de suas escolhas pessoais e as determinações especificamente familiares.

---

1   APMC, Acervo Particular Família Deocleciano Pires Teixeira, Grupo: documentos pessoais, Série: cartões diversos, caixa 1, maço 2.

O primeiro ponto a ser destacado nessa discussão diz respeito à ausência de correspondências enviadas ou recebidas por Celsina Teixeira antes de 1901, quando ela estava com 14 anos de idade. A inexistência de correspondências anteriores a essa data coincide com o ingresso dela, da irmã Evangelina e da prima Anísia, na primeira escola normal de Caetité. Fundada em 1896, pelo então governador Rodrigues Lima (natural dessa cidade), essa instituição teve existência efêmera[2] e pouco contribuiu para a formação de um número significativo de professoras, mesmo assim, há registros de atuações dessas profissionais na cidade e em localidades próximas.[3]

Não é o objetivo desse livro discutir as razões que levaram à fundação desta escola especificamente em Caetité, vista até hoje com orgulho por setores dominantes da comunidade local por ter sido a primeira do Alto Sertão com a finalidade de formar professoras.[4]

---

2 Devido à divergências políticas entre o coronel Deocleciano Pires Teixeira e o governador eleito Severino Vieira, a referida escola encerrou suas atividades em 1904.

3 Segundo Santos (1997: 51), durante o período em que funcionou foram diplomadas três turmas, perfazendo um total de 22 professoras. Dentre essas formandas, destaca-se, na turma de 1901, a presença de Priscilla de Souza Spínola, tia de Celsina e irmã de Anna Spínola Teixeira. Além da presença das Spínola e Teixeira, na escola normal também estudaram mulheres da família Público, Lima, Tanajura, entre outras.

4 Registra-se aqui uma proposta de estudo para outros pesquisadores interessados pelo tema, porém, o desafio a ser enfrentado é a falta ou, ainda pior, a retenção de documentos por particulares que se dizem "donos da documentação", atividade bastante comum na região. Janaina Amado (1990: 11-12) analisa a intencionalidade da retenção de documentos históricos destacando: "a documentação local, necessária às pesquisas geralmente está nas mãos de pessoas que se consideram "donas" e não querem cedê-la. Isto talvez aconteça porque, em locais menores, onde predominam relações de tipo pessoal e privado, haja mais dificuldade em identificar patrimônio histórico com patrimônio público. Mas acontece também porque, nestes lugares, muitos "donos" da documentação pertencem às oligarquias locais, estão habituados a mandar e não hesitam em usar este poder contra o pesquisador, principalmente quando desconfiam que o resultado da pesquisa poderá prejudicar seus interesses ou comprometer sua imagem".

Interessa antes destacar que as coincidências entre o ingresso na instituição de ensino formal e o início da atividade epistolar não podem ser apontadas como fundamentais para a determinação da maneira como se processou a alfabetização e educação das mulheres da família. No entanto, esta sincronia de episódios tráz elementos importantes que dizem respeito não somente à formação de um conjunto de normas e valores que contribuíram para a determinação dos papéis sociais, mas, sobretudo, às ações efetivas das mulheres dentro e fora do espaço doméstico.

O primeiro indício para essa discussão pode ser verificado no documento transcrito abaixo, cujo teor diz respeito a uma espécie de atestado de matrícula exigido para o ingresso na escola normal. De acordo com os regulamentos da referida instituição, as moças que desejassem ingressar na instituição deveriam estar aptas para tal intento:

"Ilmo Sr Juiz de paz em exercício

Evangelina Spínola Teixeira, filha do D. Deocleciano Pires Teixeira, pretendendo matricular-se na Escola Normal desta cidade pede-vos, em observância ao Regulamento da mesma Escola, digneis attestar, ao pé desta, o seu *procedimento moral.*

Attesto que Exma Sem^a D. Evangelina Spínola Teixeira que reside em companhia do seu pai, *tem exemplar procedimento e muita aplicação em seus estudos.* Caetité 10 de fevereiro de 1900".

Caetitié, 9 de fevereiro de 1900
Evangelina Spinola Teixeira[5]

---

5   APMC, Acervo Particular Família Deocleciano Pires Teixeira, Grupo: documentos escolares, Série: avaliações e boletins, maço: único (grifos meus). O documento citado acima, apesar de atestar a matrícula de Evangelina S. Teixeira, também pode ser estendido à Celsina, visto que elas ingressaram e formaram juntas na referida escola. Também ingressaram como alunas da Escola Normal, em 1900, as alunas

Ter "bom procedimento moral" e "aplicação nos estudos" subentendia necessidade de um aprendizado prévio adquirido ainda antes do ingresso na instituição de ensino. No estudo sobre a leitura e escrita feminina na Bahia, Leite observou onde e com quem as mulheres ingressavam no processo de escolarização. Segundo essa historiadora:

> A tradição reservava à mulher baiana o direito de receber apenas algum tipo de ensinamento em casa, com professoras ou preceptoras particulares contratadas pelas famílias de posse. O cuidado, a dedicação e a boa vontade de uma mãe ou tia muitas vezes ajudavam a sensibilizar outros familiares para a situação de rudeza e a rotina das crianças do sexo feminino. O ensino das prendas domésticas, das boas maneiras, dos princípios elementares da leitura e da escrita revelava uma formação limitada de educação anterior à expansão escolar republicana (LEITE, 2004: 36).

Relatos memorialistas produzidos em localidades próximas a Caetité confirmam a tendência destacada por Leite. Na trajetória da família Cordeiro, narrada por Galvão, há a seguinte passagem, cujos fatos remontam ao fim do século XIX e início do XX:

> Como tudo aconteceu? Eu lhes conto. Muito antes, sem haver nada programado, *veio para a fazenda Boa Vista uma professora de Caetité-BA, solicitada pelos fazendeiros da família Cordeiro da Silva, que residiam em Candial,* para ensinar a suas filhas. Era como se diria hoje, uma professora particular (...)(GALVÃO,1989: 17– grifos meus).

Adília de Almeida Borba, Maria Anísia de Castro Teixeira (prima de Celsina), Ritta de Cássia Tanajura, Francisca Alkimin dos Santos, Santa Augusta Vieira, Isabel Domingues e Lia Público de Castro (SANTOS, 1997: 51).

No caso específico da educação das mulheres da família Teixeira, os tais procedimentos morais implicavam também num aprendizado prático, realizado inicialmente no interior do espaço doméstico, cujos indícios podem ser percebidos apesar da ausência ou do aspecto rarefeito do número de correspondências femininas nos anos finais do século XIX.

Imagem 7: Em pé, Hesília (Tilinha), Evangelina (sentada à esquerda) e Celsina (sentada, à direita). Acervo do Arquivo Público Municipal de Caetité [autor: D. Gramacho, 1906-1908, data estimada].

A observação do montante de correspondências do acervo permite visualizar alguns traços das trajetórias individuais (nascimento, vida escolar, casamento, morte etc.) de cada membro da família e a maneira como as relações sociais foram estabelecidas com os diversos segmentos da sociedade ao longo do tempo. Para o indivíduo e para a família, com seus movimentos próprios de ir e vir, num contexto de precários meios de transporte e comunicação, a atividade epistolar assumiu uma característica fundamental de encurtamento de distâncias, manutenção e criação de redes de sociabilidade dentro (inicialmente) e fora do círculo familiar, que requer uma série de elementos, tais como responsabilidades, privacidade, tempo disponível e, principalmente, formação da individualidade.

Vale frisar que até antes de 1901 não se registraram movimentos duradouros de nenhum membro da família para fora da cidade,[6] visto que muitos dos filhos do casal nuclear Deocleciano e Anna, nascidos até então, ainda eram crianças.[7]

---

6   Obviamente que há a exceção das numerosas correspondências do coronel Deocleciano Teixeira, cujos locais de envio e conteúdo evidenciam suas movimentações, articulações políticas e comerciais com a capital e cidades próximas a Caetité, nas duas últimas décadas do século XIX e até a sua morte, em 1930.

7   Em 1900, as respectivas idades dos filhos de Deocleciano com Anna são as seguintes: Evangelina 14 anos, Celsina 13, Hersília 9, Celso 7, Oscar 6, Leontina 4, Jayme 2 e Anísio (ainda com poucos meses de vida, pois nasceu em 12/07/1900). Alguns anos mais tarde nasceram os outros três filhos do casal: Nelson (1903), Angelina (1905) e Carmem (1909). Incluir ao final da nota. APMC, Acervo do Poder Judiciário. Fundo: Fórum Cézar Zama, Grupo: Cartório de Registro Civil, Série: Auto Civeis, Subsérie: Registros de Nascimento, notação livros A3, A4, A5 (sede).

Imagem 8: Família Teixeira. Acervo da "Casa Anísio Teixeira" [autoria desconhecida, 1907, data estimada].[8]

Ao analisar as correspondências escritas por imigrantes europeus em Santa Catarina, Marlon Salomon percebeu que

> as correspondências privadas nos possibilitam pensar as ligações sociais daqueles que as escreveram, a constituição de uma esfera de privacidade em seu entorno, bem como a constituição do indivíduo como sujeito.

[8] Segundo informações fornecidas por Yeda Teixeira de Castro e Anísia Bastos, respectivamente sobrinha e afilhada de Celsina Teixeira, as pessoas que aparecem na fotografia foram assim identificadas: atrás e em pé (a partir da esquerda): Evangelina, Hersília e Celsina; Em seguida, da esquerda para a direita: Oscar, Deocleciano (sentado), Leontina (em pé, ao centro), Anna (sentada) e Celso; no colo de Deocleciano: Nelson, com Anísio próximo e segurando a mão de Jayme; e no colo de Anna: Angelina (Gigi). A última filha do casal, Carmem (Carmita), ainda não havia nascido. Este fato permite estimar a data da fotografia em 1906.

O jogo da correspondência é múltiplo. As cartas privadas (…) geralmente começam a ser escritas quando do afastamento do indivíduo do espaço familiar (SALOMON, 2002: 15).

A análise da constituição do indivíduo, enquanto sujeito próprio, a partir da observação de sua escrita epistolar, apontada acima, também pode ser pensada para as características específicas da educação feminina e na sua inscrição na atividade de escrever cartas. Em outras palavras, no que tange à formação educacional das jovens moças daquele núcleo, responsabilidades, tempo disponível, privacidade para a escrita epistolar tem que ser redimensionadas para outras atividades no interior do espaço doméstico, como por exemplo, o auxílio e também participação na educação dos irmãos menores.

Por outro lado, se as correspondências indicam formação da individualidade do sujeito, quando é perceptível que a intensificação das trocas de correspondências entre mulheres, demais membros da família e outros indivíduos do círculo de relações ocorreu exatamente quando estas saíram da casa dos pais, a tríade mulher-casa-família não pode ser pensada como uma unidade essencial. Mesmo que o destino da maior parte das correspondências seja inicialmente a própria família nuclear, como uma forma de encurtar distâncias, após a saída de casa ocorreu efetivamente um rompimento com a dinâmica doméstica e todo um conjunto de tarefas a ela relacionadas.

Corrobora para essa questão a própria trajetória inicial de Celsina Teixeira que, após sua ida para Salvador, em 1908, dedicou-se de maneira mais contundente à atividade de escrever cartas, ou seja, através de visitas e passeios começou a herdar redes[9] de sociabilidade e criou suas próprias relações interpessoais, mantendo-as e reforçando-as através daquela atividade. Com a saída de Celsina, a incumbência de educar os irmãos menores ficou a cargo da irmã Hersília (Tilinha). Em seus

---

9   Esta rede herdada por Celsina pode ser considerada uma herança imaterial da família Teixeira. Para Oliveira (2005: 155) "a este patrimônio somava-se uma vasta rede de amizades baseadas em prestígio e solidariedade entre importantes famílias (…)".

Mulheres e poder no Alto Sertão da Bahia 97

registros pessoais, presentes no acervo, não constam informações sobre ingresso dela em escolas da cidade. A saída desta última da casa da família gerou alguns conflitos, que serão abordados mais adiante.

Imagem 9: Celsina e Leontina (em pé).[10] Acervo do Arquivo Público Municipal de Caetité [autor: Senna Irassuahy, 1900 – 1901, data estimada].

---

10 A comparação com a fotografia 6 sugere que a criança sentada seja Jayme.

O trecho transcrito abaixo traz informações importantes para esta discussão sobre outras responsabilidades mais prementes, exigidas para as moças da época no contexto familiar:

> Mariquinhas, está com mais uma menina, por este motivo os meninos não tem ido estes dias à escola, porém, o João Neves está substituindo-a; na segunda--feira elles irão. Estão aqui me atrapalhando, hoje, que não foram à escola deitei-os para estudarem aqui no sotam commigo.
>
> Todos os dias à noite, faço elles [os meninos] estudarem; Jayme continua impaciente, só quer ler a lição uma vez, é preciso, forçal-o para ler mais vezes. Fale com Vanvan, que Anisio já está estudando Grammatica, e com muito gosto, porém Mamãe não quer, pois elle está muito pequeno e assim cançã a memória.[11]

A documentação consultada não permite afirmar em quais colégios os homens da família Teixeira estudaram, no entanto, no documento citado acima constam informações sobre a vida escolar de Jayme e Anísio, então com 10 e 8 anos, respectivamente.

É notório que a alfabetização de ambos ocorreu pelo menos um ano antes da escrita da referida carta e tal processo deve ser creditado ao papel fundamental da própria escola formal e, sempre é bom lembrar, às mulheres da família que *todos os dias à noite* faziam-nos estudar.

Neste ponto, é plausível uma comparação quanto às diferenças de idade no ingresso na escolarização formal, pois enquanto Jayme e Anísio ingressaram em tenra idade na escola, o mesmo não pode ser afirmado para o caso das suas irmãs mais velhas, como Celsina, por exemplo, cujo primeiro indício de escolarização formal é o ingresso na referida escola normal, em 1900, quando já estava com treze anos de idade.

---

11 Tilinha. *Carta para Sissinha (Celsina)*. Caetité, 21 de Fevereiro de 1908. APMC, Grupo: Celsina Teixeira Ladeia, Série: correspondências, caixa 1, maço 1, nº. 25.

Além da questão do ingresso tardio na escolarização formal, o documento citado revela também outro elemento importante para a discussão que diz respeito à limitação de perspectivas profissionais para as mulheres. Sobre este aspecto, Leite afirma que

> nos ginásios secundários do século XIX, os estudos das Ciências, Artes e Humanidades estavam presentes nos currículos, que preparavam os jovens para serem doutores. Inexistia uma preocupação similar com o desenvolvimento intelectual das moças, já que só aos varões era permitida a continuidade dos estudos a nível secundário e preparatório para o ingresso nos cursos superiores (LEITE, 2004: 35).

A partir de estudos realizados no Brasil acerca da educação feminina, Leite (2004: 37) percebeu que houve insuficiências e limitações "do ensino para esta parcela da população, seja no âmbito doméstico, no espaço dos conventos ou nas primeiras escolas leigas voltadas para o seu sexo". Em nota de rodapé, esta mesma autora observou que

> Os estudos históricos têm evidenciado as relações que a escola e o convento fazem entre a mulher e as virtudes naturais como a abnegação, o amor, a caridade, a paciência, objetivando justificar papéis sexuais convenientes: a freira, a professora, a mãe, a caridosa. (SAFFIOTI, 1969, *apud* LEITE, 2004: 37).

Alguns exemplos dos "papéis sociais convenientes" citados pela pesquisadora podem ser amplamente encontrados no acervo pesquisado. Seguem abaixo, respectivamente, alguns fragmentos de correspondências onde aparecem a freira, a professora, a mãe e a caridosa:

> (...) Desde que professei, que tenciono lhe escrever, sobre a minha profissão e as impressões da cerimônia,

já passaram três mezes; ora por um motivo, ora por outro tenho adiado. Foi um dia do Céo e de consolações espirituais, em que fiz os meus primeiros votos e a minha consagração de ser toda de Jesus. O Padre que me deu a santa profissão, fez uma bella pratica; tomando por thema as palavras: *Magnificat: anima mãe Dominum*. – Em pensamento e espiritualmente pela união de orações estiveram todos presentes no meu pobre coração, pois como sabe, no momento da santa profissão, N. S. nos concede todas as graças que lhe pedimos. Emfim foi a realização de todos os meus desejos que V. não desconhece (…).[12]

(…) Enquanto a minha escola vou indo regularmente. As meninas estes dias não tem estudado, devido a falta de livro que não encontrei em Monte-Alto e me esqueci de mandar ver ahi e tambem devido a inffluenza. Aqui no Caldeirão não tem cômodo pª. Ensinar, assim como no Pajehú. Ensino em uma pequena sala e ellas muito me obedecem. Encommendei craiyons, tintas, papeis, originaes coloridos, etc p.ª desenho. Vou apreender desenhar colorido, pois, tenho grande desejo (…).[13]

---

12 TILINHA. *Carta para Celsina*. São Paulo, 29 de Abril de 1926. APMC, Grupo: Celsina Teixeira Ladeia, Série: correspondências, caixa 2, maço 3, n°. 964 (grifos da autora). Após professar a religião católica, Hersília S. Teixeira (Tilinha) passou a assinar as cartas com o nome de Maria de N. S. da Purificação S. Teixeira.

13 ANÍSIA. *Carta para Celsina*. Caldeirão, 15 de Agosto de 1904. APMC, Acervo Particular Família Deocleciano Pires Teixeira, Grupo: Celsina Teixeira Ladeia, Série: correspondências, caixa 2, maço 1, n°. 661.

Mulheres e poder no Alto Sertão da Bahia 101

(...) Tenho escripto aconselhando-te e espero que não descuidarás de Tua formação religiosa e moral. Na idade em que estás é mais fácil corrigir-se os defeitos, porque ainda não deixe de manifesta-los a teu director espiritual, para que elle indique os meios par ateu aprefeiçoamento. Lembre que o teu fim para que estamos no mundo é para trabalhar pela nossa santificação afim de encontrarmos o nosso Deus, para o qual fomos criados. Tudo mais na terra não passará de vaidade e afflição de espírito. Procuramos seguir a Jesus, pela simplicidade e pureza pelo caminhito da "infância espiritual" que nos aconselha S.ta Therezinha, cuja devoção eu te recommendo (...).[14]

(...) Urge actualmente um bom auxilio para que a nossa Associação consiga realisar o seu fim que é a fundação de uma "Santa Casa de Caridade". Há muitos annos que venho dirigindo esta associação, que, graças a Deus, vai cumprindo a sua finalidade em auxiliar os pobres, enfermos e desvalidos – Mantemos uma assistencia a 24 desvalidos. Quasi todos os dias mandamos aviar receitas para os doentes pobres, e sempre estamos auxiliando com esmolas avulsas em din.º e roupas a mto. pobresinhos que procuram a nossa associação (...).[15]

---

14 CELSINA. *Carta para Edvaldo.* Caetité, 14 de Agosto de 1927. APMC, Acervo Particular Família Deocleciano Pires Teixeira, Grupo: Edvaldo Teixeira, série: correspondência, caixa 1, maço 1, nº. 15.

15 CELSINA. *Carta para o Conselheiro Bráulio Xavier.* Caetité, 1º de abril de 1929. APMC, Acervo Particular Família Deocleciano Pires Teixeira, Grupo: Celsina Teixeira Ladeia, Série: correspondências, caixa 1, maço 1, nº. 45.

O currículo limitado das escolas, ensino das prendas domésticas, tais como bordados, confecção de flores, aulas de música (piano e bandolim), entre outros aspectos, aparece diversas vezes nas correspondências pesquisadas e sugerem, no caso específico do Alto Sertão baiano, a mesma tendência observada para a educação feminina em Salvador e Recôncavo. O documento transcrito abaixo, sobre a grade curricular de disciplinas cursadas por Celsina Teixeira durante sua permanência na escola normal, aponta na direção sugerida por Leite:

> 1º ano: Português, Francês, Geografia, História Universal, Matemática, Desenho.
>
> 2º ano: Português, Francês, Geografia, História Universal, História do Brasil, Desenho, Pedagogia.
>
> 3º ano: Português, Geografia, História do Brasil, Desenho, Pedagogia, Física e Química, Biologia, Aritmética e Álgebra, Geometria.
>
> 4º ano: Escrituração Mercantil, *Desenho, Prendas, Prática, Madureza.*[16]

---

16 APMC, Acervo Particular Família Deocleciano Pires Teixeira, Grupo: documentos escolares, Série: avaliações e boletins, maço: único (grifos meus).

Imagem 10: Sala de costuras do Sobrado da família Teixeira [autor: Adailton Carvalho - *Fotus K*, agosto de 2009].

Imagem 11: Sala de costuras do Sobrado da família Teixeira [autor: Adailton Carvalho - *Fotus K*, agosto de 2009].

Além de algumas avaliações realizadas por Evangelina e Celsina, não constam no acervo documentos que permitam analisar o conteúdo programático completo das disciplinas mencionadas. Porém, vale ressaltar que as avaliações de Português, por exemplo, consistiam apenas em análise sintática, sem interpretação do texto apresentado na avaliação. Sobre a questão dos conteúdos programáticos, Trindade observou que

> a atribuição dos trabalhos manuais domésticos às alunas nos programas escolares é o único indício claro de uma filosofia educacional particularmente dirigida à mulher. Há, entretanto, procedimentos e práticas [no interior da sala de aula, por exemplo] cuja utilização, explícita ou implícita, sugerem um tratamento orientado ao sexo feminino. Na utilização desses recursos, significam menos a organização programática ou o conteúdo das matérias em si (…) do que a ênfase, as sutilezas e as estratégias empregadas[17] (TRINDADE, 1996: 32).

Conforme o documento da grade curricular, as disciplinas em destaque, cujo objetivo final parace ser o da "volta para a casa", após a "saída para a escola", estão presentes exatamente no último ano de curso. Marina Maluf observou um ascpecto interessante nesta tendência de retorno ao "ponto de origem". Segundo a autora,

> se era no lar das famílias mais abastadas, ou mesmo daquelas que viviam nas fazendas mais distantes, que tinha início a instrução masculina e feminina, a

---

17 A autora cita, em seu estudo, o depoimento da diretora da Escola Tiradentes, de Curitiba, que incluiu na educação feminina o ensino da zoologia, da anatomia e da fisiologia. A autora pondera que, apesar do aparente avanço "científico", o "reverso dessa moeda insinua, talvez, um objetivo oculto de prepará-la para o destino provável de conservadora e reprodutora da unidade familiar; daí tornar-se desejável iniciá-la no conhecimento mais íntimo do corpo humano, curvando-se, dessa forma, a sociedade à evidência inegável do domínio da reprodução pela mulher"(p. 32).

formação das meninas, salvo exceção, se completava aí. Não se tratava, portanto, de ausência de formação, mas da transmissão de um conjunto de saberes que escapa à avaliação convencional da educação. As que escapavam desse destino e conseguiam avançar nos estudos fora de casa acabam retornando ao ponto de origem, numa espécie de ideologia do dentro (...) (Maluf, 1995: 222).

Nesta mesma diretriz, ao analisar a educação feminina, Rago observou que

para as meninas, o bom aprendizado das chamadas "prendas domésticas" era considerado, no século XIX, mais importante do que o das letras, pois constituía uma condição *sine qua non* para um bom arranjo matrimonial, segundo a mentalidade dominante e a divisão sexual dos "papéis sociais"(Rago, 2007: 55).

A tendência observada por Elisabeth Rago e Maluf para o século XIX parece se manter na transição para o século XX, e a análise da grade curricular, cujo conteúdo também é composto pelos respectivos conceitos obtidos em cada disciplina,[18] corrobora para esta questão. Desta maneira, entra aqui também em discussão a ideia da escola leiga, como extensão da educação doméstica, que tende a limitar, ao educar para um determinado fim de interesse familiar e social, as perspectivas individuais das mulheres. Neste sentido, Leite observou que

na sociedade baiana, todos estes limites estavam associados à mentalidade do período, no qual os interesses dos pais na condução da vida de suas filhas tendiam, no

---

18 Os conceitos obtidos nas matérias variaram entre "plenamente", "com distinção" e "simplesmente".

geral, a se sobrepor a qualquer expressão de liberdade. Preparavam-nas, minimamente, com o objetivo de realizar casamentos proveitosos em seu grupo de origem, reproduzindo assim, alianças matrimoniais coerentes para a estratégia familiar (LEITE, 2004: 37).

Sobre a supressão de perspectivas mais amplas no que se refere à escolha de um destino mais autônomo para as mulheres, destacado pela autora acima, é notória a presença, na documentação pesquisada, de indícios que apontam para uma diferenciação da educação recebida pelos meninos e meninas da família. Para as mulheres, o caminho "escolhido" foi na maioria das vezes a casa e o magistério em escolas locais; para os homens, além da presença de engenheiros, políticos e comerciantes, há também a trajetória amplamente conhecida do renomado educador Anísio Teixeira.

A documentação pesquisada permite afirmar que, tanto na escola como na família, a opinião era a mesma, ou seja, segundo Louro:

> ela [a mulher] precisava ser, em primeiro lugar, a mãe virtuosa, o pilar de sustentação do lar, a educadora das gerações do futuro. A educação da mulher seria feita, portanto, para além dela, já que sua justificativa não se encontra em seus próprios anseios ou necessidades, mas em sua função social de educadora dos filhos ou, na linguagem republicana, na função de formadora dos futuros cidadãos (LOURO, 2007: 446).

Contudo, a existência de mulheres exercendo os seus "papéis sociais convenientes", tal como sugeriu Leite anteriormente, não significou que os ditames institucionais da escola, da Igreja Católica e da família tenham se sobreposto sem conflitos às vontades individuais das mulheres daquele período e de outras épocas históricas do Alto Sertão baiano. Em outras palavras, resistências se deram através das correspondências,

Mulheres e poder no Alto Sertão da Bahia 107

cujo conteúdo oferece cenas de um quotidiano fragmentado e disperso, porém rico em informações, conforme salientou Maria Odila L. S. Dias:

> os papéis históricos das mulheres podem ser captados nas tensões, mediações, nas relações propriamente sociais que integram mulheres, história, processo social e podem ser resgatados das entrelinhas, das fissuras e do implícito nos documentos escritos (DIAS, 1995: 50).

Apesar da existência de aspectos em comum a respeito da educação feminina nas diversas partes do país, na passagem do século XIX para o XX, a ampla presença nas correspondências de mulheres, realizando as chamadas prendas domésticas, não quer dizer que a educação a elas destinada tenha atingido sua finalidade. Por esse prisma é possível observar, nas entrelinhas das cartas e demais documentos, a tensão existente entre o prescrito e a trama social vivida quotidianamente.

A participação na educação dos irmãos menores, além de outros afazeres no ambiente doméstico (e também fora dele, como será discutido adiante), somados à ausência ou rarefação de correspondências antes do ingresso naquela instituição de ensino, indicaram uma não assunção, ainda, da função de manter os amigos e a família atualizados sobre acontecimentos internos e externos ao grupo de convívio. Além disso, é preciso novamente salientar que tais atividades no espaço doméstico ou sob os olhares do núcleo familiar original, indicaram uma rede de relações pessoais por enquanto não tecida de maneira autônoma, de acordo com a vontade e ações do sujeito.

A mudança para a cidade de Salvador, em 1908, e a volta para Caetité para o casamento, no ano seguinte, significaram "maneiras de fazer" próprias. Tanto na capital do Estado quanto no Alto Sertão baiano, no ir e vir entre uma localidade e outra, no espaço percorrido, sua trajetória formou "trilhas" que

> embora sejam compostas com os vocabulários de línguas recebidas e continuem submetidas a sintaxes

prescritas, (...) desenham as astúcias de interesses outros e de desejos que não são nem determinados nem captados pelos sistemas onde se desenvolvem (Certeau, 1994: 45)

Portanto, a questão agora premente é relativizar a maneira como se processou, no contexto de fins do século XIX e primeiras décadas do século XX, a educação das mulheres do Alto Sertão, ainda no interior do espaço doméstico. Relativizar, em outras palavras, significa perceber e valorizar indícios de poderes fragmentados e dispersos, mesmo dentro da carapaça dos "papéis sociais convenientes" e dos "vocabulários de línguas recebidas", amplamente presentes nas correspondências.

A outra escola feminina – *"Yaya, na lida da casa, para o que tem muito gosto; assim tivesse um pouco de método..."*

A análise das correspondências escritas entre os anos de 1901 e 1908 sugere que entre as duas "saídas de casa", para o ingresso na escola normal[19] e para o casamento, houve todo um processo de formação educacional das mulheres em casa (valores, normas, comportamento e "bom procedimento moral") que antecedeu à escolarização formal na instituição de ensino. Este processo de formação significou uma gama de responsabilidades variadas, onde se coadunaram, de maneira nem sempre harmônica, o tempo do indivíduo, com suas aspirações e desejos próprios, o tempo da família, com todo um conjunto de normas, valores e estratégias projetados sobre a mulher e o contexto histórico vivido pelos sujeitos.

Sobre a relação entre o tempo do indivíduo e o tempo da família, Hareven acrescentou que

---

19 Quando ingressou nesta instituição, Celsina Teixeira ainda estava morando com os pais. Neste caso, a "saída de casa" diz respeito à frequência em outro espaço de convívio e aprendizado educacional.

Mulheres e poder no Alto Sertão da Bahia 109

> ela [a família] é o cenário de interações entre várias vidas individuais fluentes. Transições individuais para dentro ou para fora de diferentes papéis na família, tais como: sair de casa, casar-se, estabelecer um lar independente, início de paternidade, ou – na outra extremidade do ciclo – viuvez, estão relacionados com mudanças na família como uma unidade coletiva (HAREVEN, 1984: 6).

Segundo esta ideia, as funções de cada membro eram baseadas nas determinações da família, enquanto uma unidade coletiva. Acrescenta-se, porém, que, se as estratégias da família devem ser inseridas em contextos históricos em constante transformação, o papel feminino no estabelecimento dessas estratégias (ou até mesmo na contestação delas) também pode e deve ser ampliado.

Sem pretender minimizar o papel da escola formal na determinação dos papéis sociais destinados aos sexos, como foi até agora discutido, a carga de valores e normas impostas pela família imprimiram uma série de condutas para as moças, cuja origem antecedia ao ingresso na escola. Desta forma, desde os primeiros anos de vida, passando pelo tempo de permanência na escola, até a saída para o casamento (quando este ocorria),

> a casa enquanto espaço social ocupava um lugar privilegiado na formação das jovens baianas. É nela que se operam as definições dos papéis concernentes aos homens e às mulheres. Além disso, é no espaço doméstico que as últimas vão receber ensinamentos úteis a suas vidas, bem como algum tipo de educação (LEITE, 1997: 48).

Em confluência com esta análise, Marina Maluf também destacou a relação existente, no espaço da casa, entre os serviços domésticos e a educação feminina. Segundo esta autora,

> As meninas aprendiam mais pela prática e pelo costume, de modo que pode-se dizer que as tarefas domésticas se confundiam com a aprendizagem. Através do serviço doméstico, a mãe transmitia à filha uma bagagem de conhecimentos estreitamente ligados à experiência prática (Maluf,1995: 227).

Transmissão de ensinamentos "úteis à suas vidas" ou "experiência prática", destacados pelas pesquisadoras acima, podem ser considerados como os dois lados da mesma moeda, no que diz respeito à educação feminina, na passagem do século XIX para o XX. Por isso a necessidade de se observar o "verso e o anverso da educação feminina", como assinalou Maluf, porque

> ao mesmo tempo que velhos resquícios da tradição procuravam tornar a mulher e o bastidor extensão um do outro, as moças recebiam uma educação moral bastante sólida, de modo a prepará-las para as tarefas mais difíceis, para que aprendessem a improvisar papéis dentro e fora do universo privado (Maluf, 1995: 228).

Esta improvisação de papéis diante de tarefas difíceis, dentro e fora do espaço doméstico, também pode ser pensada em relação ao contexto econômico e social vivido pelas personagens da trama aqui analisada.

Assim, parafraseando Marina Maluf (1995: 212), no contexto urbano-rural de fins do século XIX, em que Celsina, Evangelina e Hersília circularam constantemente, as entrelinhas das correspondências e outros documentos permitem visualizar improvisações recorrentes, que podem ser redimensionados em micropoderes aprendidos (ou subvertidos) desde tenra idade. Contudo, sem incorrer em exageros, é plausível afirmar que foram exatamente elas, no seu devir quotidiano, que determinaram, dentro de um conjunto de ensinamentos aprendidos, o que seria mais ou menos útil em determinadas circunstâncias.

É salutar para esta questão observar que Celsina, as irmãs Evangelina, Hersília (Tilinha) e a prima Anísia (uma das principais missivistas de Celsina), assim como outras mulheres do seu grupo de convívio direto, nasceram e foram educadas num cenário de crise econômica-social, proporcionado pelo advento da República, extinção da escravidão e sucessivos períodos de fortes estiagens. A respeito da seca, que atingiu a região, Neves acrescenta que:

> Entre 1887 e 1991 outra estiagem de grandes proporções [a primeira registrada havia sido em 1860] se abateu sobre os sertões nordestinos. Na Bahia, registraram-se milhares de mortes novamente pela desnutrição aguda (NEVES, 1998: 199).

Com a abolição da escravidão, Pires verificou, mediante análise de inventários *post-mortem* do período, uma queda das médias dos montes-mores. Para essa historiadora

> Se considerarmos que os escravos representavam o grosso dos valores dos inventários, é possível compreender esse decréscimo [nos anos que antecederam a abolição] diante de uma conjuntura de intensificação do tráfico intra e interprovincial, e também das lutas dos escravos pelas alforrias (PIRES, 2009: 130).

Pires analisou as alternativas que os sujeitos históricos por ela pesquisados encontraram para "enfrentar essa situação mais crítica". Segundo ela, "as atividades como a pecuária, o tropeirismo, a produção agrícola de gêneros alimentícios para o comércio interno não foram abandonadas, embora tenham sido arrefecidas" (PIRES, 2009: 130).

Diante dessas alternativas, a região do Alto Sertão da Bahia, durante o século XIX e períodos iniciais do século XX, manteve-se principalmente da lavoura e das criações (gado vacum e cavalar). Depreendemos que parte considerável de sua população sobreviveu direta e indiretamente do trabalho desenvolvido nas fazendas e roças. Lavradores, vaqueiros, tropeiros conviviam lado a lado com escravos, forros e ex-escravos, realizando conjuntamente trabalhos na lida diária (Pires, 2009: 147).

Além dos lavradores, vaqueiros e tropeiros, o estudo de Pires verificou, neste mesmo contexto, a presença de agregado, meeiro, posseiro, jornaleiro (diarista) ou camarada. Não cabe aqui detalhar as características de cada campo citado acima, porém o que deve ser destacado são as diversas maneiras utilizadas por eles para enfrentar situações adversas, pois

> sabe-se que esta situação está intimamente ligada às necessidades de sobrevivência do homem pobre nessa região e, em última instância, às características de uma sociedade rural que manteve em níveis baixos a divisão do trabalho e, em contrapartida, uma gama variada de especialização ocupacional nas pequenas cidades (Pires, 2009: 151).

Assim, "claro está que a conjuntura de crise também abateu a região. Mas (…) as alternativas econômicas foram construídas" (Pires, 2009: 127).

Frente a este cenário de crise econômica, as sucessivas migrações foram recorrentes entre as alternativas (ou talvez seja melhor utilizar a expressão "estratégias de sobrevivência"), encontradas pelos segmentos mais pobres da população do Alto Sertão.[20]

---

20 Sobre este aspecto, Santos (2001: 40) observou que "a migração para o sul do país intensificou-se a partir do ano de 1889 e ganhou novo fôlego na década de 1910. Passavam por Caetité, rumo ao estado de São Paulo, homens e mulheres, incluindo crianças, enfim, famílias inteiras, oriundas de Macaúbas, Paramirim, Rio de Contas, Monte Alto, Umburanas e Jacaraci. Possivelmente muitas dessas pessoas,

Para os grandes proprietários da região, entre as alternativas elencadas pela pesquisa realizada por Pires, estavam os investimentos em outros ramos de negócios, tais como a aplicação em ações, em bancos estaduais e federais, investimentos em gados (cavalar e vacum), comércio de diamantes, além de acordos financeiros selados entre proprietários (PIRES, 2009: 173-184).

Dentro do contexto abrangido pelos anos finais da escravidão até as primeiras décadas do século XX, os estudos até aqui abordados evidenciaram um cenário, a respeito da região do Alto Sertão, de certa forma semelhante aos percebidos por E. P. Thompson para homens e mulheres na Inglaterra, na época da revolução industrial, onde também viviam mudanças sociais a que tinham que adaptar-se

> não como sujeitos autônomos, "indivíduos livres", mas como pessoas que experimentam suas situações e relações produtivas determinadas como necessidades e interesses e como antagonismos, e em seguida "tratam" essa experiência em sua consciência e sua cultura (…) das mais complexas maneiras (sim, "relativamente autônomas") e em seguida (…) agem, por sua vez, sobre sua situação determinada (THOMPSON, 1981: 182).

Obviamente, nesta conjuntura de crise econômica, os setores sociais mais privilegiados buscaram alternativas, de certo modo menos drásticas, para salvaguardar seus negócios e interesses na região. Enquanto parcelas significativas da população procuraram migrar para o sudeste do país, as famílias mais abastadas das cidades do Alto Sertão percorreram o sentido contrário, ou seja, mandaram os filhos, principalmente os varões, estudarem na capital com vistas à formação para uma profissão de status.

Neste momento, as estratégias familiares ganharam contornos onde as mulheres assumiram papéis fundamentais na manutenção ou

---

flageladas pela seca e pelo desemprego, avolumavam ainda mais o contingente de pedintes que circulava pela cidade".

ampliação do poder e condição social das famílias. Caso emblemático em Caetité foram os sucessivos casamentos do coronel Deocleciano Pires Teixeira com três filhas de Antônio de Souza Spínola, chefe político da cidade de Lençóis, na Chapada Diamantina.[21]

Dentro deste mesmo núcleo familiar, os casamentos de Evangelina e Celsina parecem ter seguido esta tendência, pois a primeira casou-se com o coronel Chico Pires, chefe político da região de Ituassu (BA), e a segunda com o farmacêutico José Antônio Gomes Ladeia, um dos herdeiros da fortuna deixada pelo Barão e Baronesa de Caetité.

A exceção esteve presente particularmente no caso de Tilinha, pois esta, contrariando as expectativas familiares e especificamente as da mãe Anna Spínola, resolveu ingressar no noviciado. Tal episódio, ocorrido no início da década de 1920, desencadeou uma série de conflitos no interior do grupo. O conjunto de correspondências que registra este evento, traz à tona outras maneiras de se perceber a atuação feminina no estabelecimento das estratégias familiares:

> Caetité, 9 de maio de 1922
>
> Viva Jesus e Maria
>
> Caro Anísio:
>
> (…) Papae como V. conhece está conformado com a minha ideia já disse até que quando a Provincial chegar elle mesmo irá me levar ao collegio. Mamãe coitada, é que continua do mesmo modo, sempre muito contrariada commigo, o desejo de Mamãe é que a Provincial não venha nunca por aqui. Infelizmente ainda não cumpriu a sua desobriga da Paschoa e não sei quando comprirá.
>
> Como sabe n'este sentido não posso aconselhar, pois me julga suspeita diz logo que é mandado.
>
> Acredita que Iaiá com a sua leviandade foi em casa do Sr. Bispo com D. Jovina pedir intervenção d'elle para

---

21   Sobre a biografia dos chefes políticos citados, ver SANTOS, 1997: 234.

Mulheres e poder no Alto Sertão da Bahia 115

o meu caso, o Bispo deu uma boa resposta: que não
podia meter em negócio particular de família e que as
Irmãs d'elle quando mostram desejo de ser religiosa
que elle não pode impedir (...)
Tilinha.[22]

Além da evidente contrariedade de Ana Spínola, o episódio também tensionou a relação desta com Celsina Teixeira, que optou por apoiar a decisão da irmã:

Caetité, 15 de Abril de 1922(Sábbado de alleluia)
Anísio:
(...) O desejo de Tilinha continua no mesmo pé;
Mamãe cada dia mais intransigente. Commigo continua a mesma desconfiança; quase não vem aqui.
Enfim, é mais uma provação que Deus quis me dar.
Celsina.[23]

A trajetória de Hersília Teixeira (Tilinha) é repleta de tensões ocasionadas pela sua escolha e apresenta ricos elementos para análise. Suas correspondências apresentam indícios de rompimento com as estratégias familiares traçadas pela mãe. A análise do conteúdo das cartas enviadas por Tilinha, Celsina e Anna Spínola para Anísio Teixeira, arquivadas no acervo particular deste último, presentes na Fundação Getúlio Vargas, somadas às arquivadas no Arquivo Público Municipal de Caetité, apontam tensões provenientes da escolha daquela pelo convento. Mais importante do que a análise da escolha propriamente dita feita por Tilinha, este episódio tensionou relações

---

22 TILINHA. Carta para Anísio. Caetité, 9 de maio de 1922. FGV, Arquivo: Anísio Teixeira, Classificação: AT c 1920.08.16: Data 16/06/1920 a 30/05/1936, Qtd. de documentos: 4 (15fl).

23 CELSINA. Carta para Anísio. Caetité, 15 de abril de 1922. FGV, Arquivo: Anísio Teixeira, Classificação: AT c 1920.07.13, Data: 13/07/1920 a 12/07/1970, Qtd de documentos: 33 (109 fl).

entre membros da família, cujos aspectos evidenciam os poderes estabelecidos, com destaque para a influência feminina sobre as principais decisões de interesse da família. Tais estratégias familiares não podem ser reduzidas apenas à ideia do casamento vantajoso. Na análise sobre os casamentos por aliança, na região da Zona da Mata mineira, entre os séculos XVIII e XIX, Oliveira (2005: 173) ressaltou que

> a escolha conjugal, seja ela através de laços consanguíneos, ou simplesmente por aliança entre grupos, selava alianças políticas, realizava trocas econômicas, desencadeava um ciclo de reciprocidade, mas, mesmo predominante, podia ceder aos interesses específicos dos cônjuges. Referimo-nos às uniões realizadas sem a presença de qualquer aliança entre as partes[24] (OLIVEIRA, 2005: 173).

Não há referências explícitas na documentação disponível sobre casamentos realizados a partir da vontade individual, "sem a presença de qualquer aliança entre as partes". Por outro lado, exames nas obras de cunho memorialista, produzidas em Caetité e em cidades vizinhas, sugerem que o artifício de casamentos consanguíneos ou por aliança foram constantes na região, durante o referido período de crise econômica.[25]

Apesar de importante, bem visto e figurar como um dos objetivos a ser atingido por algumas famílias da elite da época, antes do casamento

---

24 Esta mesma autora acrescenta que "no levantamento realizado, 9,4% dos matrimônios entraram nesta categoria, evidenciando a existência de uma certa brecha nesse modelo, uma flexibilidade para aceitação de elementos fora do quadro da elite local, uma referência à autonomia e à liberdade de escolha, que se tornariam a tendência com o decorrer dos anos" (OLIVEIRA, 2005: 173)

25 Ver a esse respeito o livro de SANTOS (1997) e GALVÃO (1988).

Mulheres e poder no Alto Sertão da Bahia 117

havia a relação entre mãe e filha, cujos aspectos devem ser destacados para esta discussão.[26]

Perceber experiências inventadas, copiadas e herdadas entre mãe e filhas no interior do espaço doméstico não pressupõe uma ocultação do sistema de dominação entre os gêneros e de sua historicidade. Neste sentido, segundo Scott,

> precisamos dar conta dos processos históricos que, através do discurso, posicionam sujeitos e produzem suas experiências. Não são os indivíduos que têm experiência, mas os sujeitos é que são constituídos através da experiência (SCOTT, 1999: 27).

Em sua análise acerca do conceito de experiência, a mesma autora destaca o papel dos sujeitos e as condições sociais vividas por eles, condições essas que "possibilitam escolhas, apesar de não serem ilimitadas". Scott ainda acrescenta que

> sujeitos são constituídos discursivamente, a experiência é um evento linguístico (não acontece fora de significados estabelecidos), mas não está confinada a uma ordem fixa de significados. Já que o discurso é, por definição, compartilhado, a experiência é coletiva, assim como individual. Experiência é uma história do sujeito. A linguagem é o local onde a história é encenada. A explicação histórica não pode, portanto, separar as duas (SCOTT, 1999: 42).

---

26 Nesta relação, segundo Maluf (1995: 222), "à mãe cabe transmitir à filha seu acúmulo de experiências, suas mágicas de sobrevivência – algumas inventadas, outras copiadas e tantas herdadas, encadeando os anéis necessários entre as gerações. É o domínio dessa sabedoria – que nem sempre é transmitida de maneira formal, mas escorre pelos intermináveis minutos, horas e dias da convivência com a mãe – que permite à filha menina o ingresso na vida adulta".

Por esta análise, é possível observar e redefinir aspectos presentes nas correspondências e em outras fontes, que servirão de suporte para a discussão seguinte. Nas correspondências femininas da família Spínola Teixeira quase sempre aparecem menções à casa, igreja e família, porém, longe de ser pensado como os locais femininos por excelência, a proposta sugerida nesta análise é pensar estes espaços, e outros tantos também, como palcos da história, não no sentido de ressignificar a participação das mulheres no processo histórico, mas ao contrário, de redefinir esse processo através da participação feminina.

É certo que a observação isolada de algumas correspondências pode induzir a erros que levam a pensar na imutabilidade das atividades femininas no contexto doméstico e citadino: "(…) Vanvam e Tilinha vão bem, na mesma vida daí, às voltas com as costuras (…)".[27] Porém, na sequência desta mesma carta, Celsina, então já casada e com o marido enfermo, relatou à mãe algumas informações sobre a dinâmica da casa da família em Salvador.[28]

Nesta ocasião, esta e outras cartas indicaram, por exemplo, que a organização orçamentária dessa residência ficou a cargo de "Yaya", filha do primeiro casamento de Deocleciano Teixeira. Assim, ao relatar para mãe aspectos da vida desta personagem, Celsina escreveu: "(…) Yaya, na lida da casa, para o que tem muito gosto; assim tivesse um pouco de método (…)".

As experiências (ou métodos) transmitidas de Ana Spínola Teixeira para as filhas, sobretudo as mais velhas, Evangelina, Celsina e Hersília, devem ser analisadas, não apenas em consonância com uma série de ensinamentos relacionados às condutas e valores morais exigidos das mulheres, mas, principalmente, como uma redefinição dos significados da palavra poder, aprendido desde cedo e que foram

---

27   Celsina. *Carta para Mamãe*. Bahia, 29 de agosto de 1916. APMC, Grupo: Celsina Teixeira Ladeia, Série: correspondências, caixa 1, maço 2, n⁰. 152.

28   Não é possível afirmar a quem pertenceu a residência, contudo há indícios de que ela tenha servido para abrigar os filhos e filhas enquanto permaneciam na capital para completar estudos ou, no caso de Celsina e o marido, para tratamento de saúde.

reelaborados constantemente por elas, no devir quotidiano em um cenário social em plena transformação.[29]

Desta forma, no contexto de desarticulação da economia escravista no Alto Sertão, no qual Anna Spínola e demais mulheres da elite local estavam inseridas, às experiências e às "mágicas de sobrevivência" diárias, devem também ser acrescentadas parcelas significativas de poderes que, a partir do cenário doméstico e para além dele, enquanto locais de produção do sujeito, foram herdados e reelaborados pelas filhas, principalmente por Celsina, como sugere a documentação.[30]

As correspondências presentes no acervo permitem uma análise clara e direta sobre a atuação de Anna Spínola, especificamente. A partir do núcleo familiar inicial, gerado pelo casamento dela com o coronel Deocleciano Pires Teixeira, assim como em qualquer outra família, nascimentos, mortes, casamentos, trabalho, escolarização, enfim, compõem um caleidoscópio de trajetórias que, ao mesmo tempo, são individuais e coletivas e acabam por criar novos núcleos familiares em constante reorganização de forças, interesses, objetivos e tensões.

Neste ponto, novamente é a própria rarefação de correspondências que oferece indícios da atuação da referida personagem.

A lista de correspondências pertencentes ao coronel Deocleciano apresenta um número bastante significativo, desde a última década do século XIX; porém, apesar das muitas viagens realizadas por ele, as

---

29 Sobre esta redefinição, ou inversão de análise, Michele Perrot em nota de rodapé observa que "ela é reforçada pela importância conferida à sociedade civil e seus atores, à dimensão privada da vida. Em época de privatização (...) o polo feminino da sociedade se tornaria prioritário" (1992: 169). Nesta inversão, proposta pela autora, reside também uma nova conceituação da palavra "poder", segundo ela, "poder", como muitos outros, é um termo polissêmico. No singular, ele tem uma conotação política e designa basicamente a figura central, cardeal do Estado, que comumente se supõe masculina. No plural, ele se estilhaça em fragmentos múltiplos, equivalentes a "influências" difusas e periféricas, onde as mulheres têm grande parcela"(1992: 167).

30 Vale frisar que não está sendo desconsiderado, para análise em questão, o papel do pai nessa formação, visto que houve momentos em que Celsina pediu conselhos a ele sobre determinados negócios. Esse fato também não indica que o ramo dos negócios tenha sido ensinado apenas por ele, visto que a mãe teve participação ativa na compra e venda de gado, entre outros negócios.

correspondências trocadas entre ambos são ínfimas em comparação ao montante do acervo. Salvo algumas correspondências enviadas e recebidas de alguns parentes, a inscrição de Anna Spínola na atividade epistolar mais intensa ocorreu concomitantemente com as saídas da maioria dos filhos e filhas mais velhos de casa, em 1908.

O aspecto rarefeito das correspondências escritas por ela ao longo da última década do século XIX, aponta também para nuances específicas da dinâmica interna do grupo familiar. Sobre esta dinâmica no interior da família, Samara observou que:

> A par de poucas opções que restavam às mulheres na sociedade brasileira, desde o período colonial, a própria natureza do sistema patriarcal e a divisão de incumbências no casamento criaram condições para a afirmação da personalidade feminina, dada a sua influência direta junto à família (...) Essas colocações sugerem novas imagens da mulher na família e na sociedade, com uma participação mais ativa, embora o seu papel fosse limitado, face à manutenção dos privilégios masculinos (SAMARA, 1989: 106).

Nesta perspectiva, observando a rarefação de correspondências em concomitância com a presença dos filhos no interior do espaço doméstico, a participação mais ativa da mulher, analisada pela historiadora acima, pode ser buscada na organização e gerenciamento dessa dinâmica familiar, incluindo nesse contexto atividades diversas, tais como a manutenção da empresa doméstica (distribuição das tarefas aos empregados), orçamento (controle das receitas de despesas da casa) e educação dos filhos e filhas. Além disso,

> a incumbência básica da mulher residia no bom desempenho do governo doméstico e na assistência moral à família, fortalecendo seus laços. Percebe-se que ambos

Mulheres e poder no Alto Sertão da Bahia

preenchiam papéis de igual importância, mas desiguais no teor da responsabilidade (SAMARA, 1989: 107).

O relato memorialista de Galvão, produzido a partir de lembranças da família Cordeiro, cujos membros viveram na cidade Condeúba (próxima a Caetité), entre o século XIX e XX, traz informações que reiteram a análise apresentada por Samara. Ao descrever a genealogia do grupo, aquela memorialista faz a seguinte análise sobre a sua avó materna:

> A quarta filha de José Cândido e Therezinha era Vicência Amália de Souza, era a Cencinha, minha avó materna. Tinha uma tez amorenada, cor de jambo, muito linda. A filha mais nova do casal. Casada com Galdino José de Souza, o major Galdino, como era tratado pelos amigos conhecidos. Meu avô, pai de minha mãe. Moravam na fazenda Conceição. Teve o casal 11 filhos. Minha mãe me dizia que me achava parecida com sua mãe. Senhora bondosa, simples, era inteiramente dedicada ao lar. Quase não se sentava à mesa com os 11 filhos, pois, ficava deliberando todos os cuidados para que nada faltasse ao marido e aos filhos. Morreu velhinha, com 90 e tantos anos (GALVÃO, 1989: 28).

Pesquisas históricas produzidas na região, já analisadas nesta seção, lançaram novas possibilidades para se entrever, neste mesmo contexto histórico, a abordagem de novos temas e participação de outros sujeitos até então não considerados como importantes na trama social, destacando-se, em particular, a atuação das mulheres nos negócios e na direção das fazendas. Pires, ao pesquisar o tráfico interprovincial de escravos no Alto Sertão baiano, documentou uma participação bastante ativa das mulheres proprietárias em negócios de compra e venda de escravos, na segunda metade do Século XIX. Ao analisar estes registros lavrados em Rio de Contas, cidade da Chapada Diamantina, que manteve durante quase todo o século XIX, intensa ligação econômica com Caetité, Pires observou a participação de mulheres nesta atividade. Segundo esta pesquisadora:

> Na década de 1860 localizam-se oito vendedoras e seis compradoras. Na década seguinte verificam--se onze vendedoras e seis compradoras. No último decênio da escravidão no Brasil foram citadas seis vendedoras e duas compradoras (...) Em geral, envolviam-se diretamente nesses negócios diante do falecimento do cônjuge ou em casos de falência da família (Pires, 2009: 56).

Pires apontou também, em relação aos grandes proprietários, as articulações mantidas entre o comércio local e a capital, mesmo após a abolição. No entanto, segundo a historiadora, os pequenos negócios realizados localmente, entre proprietários com níveis de fortuna variados, "movimentavam a economia interna e empregavam mão de obra regionalmente" (Pires, 2009: 176). Entre alguns exemplos analisados pela autora, cabe citar o de D. Clidônia Simões Costa Pereira, viúva de Joaquim Fernandes Pereira, em 1897:

> Estava ainda jovem quando Fernandes Pereira morreu e ficou com a responsabilidade de criar sete filhos, muito pequenos, com idades variando entre um e sete anos. A "casa de negócios" da família teve as suas mercadorias avaliadas em um balanço comercial, registrado no inventário (...). Além da "casa de negócios", que lhe rendeu uma dívida ativa com nada menos que 195 credores, todos com pequenos valores, Fernandes Pereira também mantinha lavoura de gado (...) (Pires, 2009: 178).

Ao consultar a documentação presente na Casa do Barão de Caetité, a mesma pesquisadora também constatou que, ao assumir os negócios da família após a morte do cônjuge, as mulheres "contavam com a colaboração de parentes". Curiosamente, ao citar um documento revelador de pistas sobre a participação de mulheres nos negócios da família, Pires ofereceu outros indícios bastante salutares sobre a participação de Anna e suas filhas numa gama diversificada de negócios. Segue abaixo a transcrição de uma carta escrita por Alzira Rodrigues Lima (sobrinha-enteada de Anna Spínola), citada por Pires:

> O gado está muito caro porém dis Nelson que *Tia Donana* compra deste preço querendo-se vender. Offereceu-me também tia Donana passar um papel dando-me direito de criar no Rio das Rãs. As terras da Parateca vão ficar para subpartilhar (...) a dúvida está porque gado no São Francisco sempre rende (...) Jayme projecta comprar uma fazenda de cacao de 200:000$000 em *sociedade com a mãe e algumas irmãs* (PIRES, 2009: 167 – grifos meus).

É possível que o conteúdo principal desta carta esteja relacionado à partilha dos bens, após a morte de Deocleciano Teixeira. De qualquer maneira, é importante destacar a centralidade das ações femininas na direção e na continuidade dos negócios da família. Entre os assuntos relacionados na carta acima estão a compra e venda de gado, a concessão de terras para parentes e a compra de uma fazenda de cacau em outra região do Estado.

Além de negócios com terras e gado, a análise do inventário de Anna Spínola indicou também a presença de investimentos em apólices da dívida pública federal, estadual e quotas da Sociedade Cível Floresta Limitada.[31]

---

31 *APEB*. Spínola Teixeira. Est. 8, cx. 3531, doc. 11, 1944, 41 f., fl. 8 e 9. De acordo com o este inventário, D. Anna também possuiu uma parte da referida fazenda Parateca, localizada "no termo de Carinhanha", município do Alto sertão, situado às margens do rio São Francisco.

Destacar apenas a atuação masculina na decisão dos vários tipos de negócios é negar a importância dos acordos tácitos realizados no espaço doméstico:

> A participação das mulheres em muitos negócios nem sempre se tornou visível pelas condições da legislação brasileira oitocentista que, conforme avaliou Maria Odila Leite da Silva Dias (2004) em recente palestra, criou um sistema como entidade universal do público cujo sujeito é o homem e, desse modo, aparentava realizações exclusivamente masculinas (PIRES, 2009: 86).

Acompanhando esta ideia, conforme salientou Pires, é possível perceber que a legislação contribuiu para a

> promoção da invisibilidade feminina em testamento e inventários. Invisíveis, mas sugestivas. Muitas vezes, nos fóruns e cartórios, o "cabeça do casal" assinava papéis jurídicos após acordos selados no âmbito da vida doméstica (PIRES, 2009: 86).

Análise de outros inventários de pessoas ligadas por grau de parentesco a Anna Spínola mostraram, por exemplo, que a referida fazenda Parateca e outros bens foram adquiridos por herança deixada com a morte da mãe e de uma das irmãs dela. Constam nesse inventário as seguintes informações:

> Pagamento ao herdeiro doutor Deocleciano Pires Teixeira *por cabeça de sua mulher* Dona Anna Spínola Teixeira de sua herança no valor de dous contos quatrocentos e quarenta e três mil quatrocentos e setenta e nove reis (2:443,479). Haverá para estes pagamentos bens seguintes: uma parte das terras na fazenda da

"Parateca" (…), *um annel de professora* (…), cincoenta
e oito cabeças de gado de toda sorte (…).[32]

A presença do "anel de professora", das terras e do gado no rol dos
bens deixados pela irmã é simbólica para esta discussão. Não é difícil
imaginar, nessa situação, que a administração dos bens, como terras e
gado, tenham ficado a cargo do "cabeça do casal", e a guarda do anel com
Anna Spínola. Afinal, como afirmou Michele Perrot:

> As mulheres têm paixão pelos porta-joias, caixas e
> medalhões onde encerram seus tesouros: mechas
> de cabelo, joias de família, miniaturas que, antes
> da fotografia, permitem aprisionar o rosto amado
> (PERROT, 1989: 12).

A despeito da sutil armadilha da norma, expressa pela legislação
vigente, as decisões de foro privado devem ser levadas em conta no processo social, pois são aí que poderes femininos ganham outros contornos. Dessa forma, é plausível pensar que tanto o anel quanto as terras
ganham status de relíquias de família (da família dela, ou seja, bens deixados pelo pai, mãe e irmã); as decisões sobre guardar, vender, utilizar,
couberam também a Anna Spínola, mesmo antes da morte do marido.

Nas entrelinhas dos discursos normativos sobre a mulher, que deli-
bera cuidados ao marido e aos filhos, a "mãe exemplar" dos "papéis sociais convenientes", ou por trás do aspecto rarefeito de correspondências
está a incumbência de diversas atividades que, vistas a contrapelo, sugerem poderes periféricos, participação nos negócios e liderança social.
Segundo Maria Odila L. S. Dias:

> A história social das mulheres das classes domi-
> nantes está longe de ser uma história da clausura e

---

32   *APEB*. Seção Judiciário. Série Inventários. ID: Constança Pereira Sousa Spínola /
Prescilla de Souza Spínola e Constança de Sousa Spínola. Est. 1, cx. 319, maço 612,
doc. 9, 1911-1928, 44 fl. fl. 29 a 34(grifos meus).

passividade (...), onde desfilam empresárias ativas, formadora dos filhos, socializadoras e treinadoras dos escravos, administradoras eficientes de suas lavouras e propriedades (1995: 104).

Foi nesta linha proposta acima que os supostos "papéis sociais convenientes" foram até aqui percebidos. Em outras palavras, a educação destinada ao gênero feminino, tanto na escola quanto no espaço doméstico, foi relativizada, no sentido de se visualizar nas sutis, mas determinantes atitudes quotidianas, traços de estratégias elaboradas a partir do espaço doméstico. Uma série de normas sociais foi imposta ao gênero feminino, mas daí imaginar apenas, como sugere uma leitura desavisada nas fontes disponíveis, mulheres rezando, lecionando, bordando, "às voltas com as costuras", cuidando dos filhos e maridos, vai grande distância.

No contexto de fim do século XIX e primeira década do século XX, tanto Celsina como as irmãs Evangelina e Hersília participaram de um contato mais intenso com a mãe, aprenderam com ela a costurar tecidos, estratégias e os tais "métodos" de organização da casa e tudo que nela estava contido (dinheiro, bens, pessoas). Porém, como foi mencionado no início do capítulo, a estada de Celsina na cidade de Salvador, em 1908, e o casamento, em 1909, acarretaram uma série de mudanças na sua vida, cujo significado teve relação intrínseca com aquela série de ensinamentos aprendidos. Numa certa medida, o mesmo pode ter ocorrido com as outras duas irmãs, nos respectivos momentos das saídas do núcleo familiar inicial.

O passo seguinte é então visualizar de maneira mais detida, a partir das atitudes tomadas principalmente por Celsina Teixeira, as astúcias e escolhas próprias que, se não contestaram todo um sistema de determinação de papéis sociais impostos ao gênero feminino, soube caminhar e realizar escolhas autônomas. Deste modo, tais escolhas devem ser entendidas como geradoras de tensões que foram historicamente constituídas, dentro e fora do espaço doméstico, e denotaram relações de poder entre os gêneros, onde a parcela de atuação do sujeito feminino deve ser considerada como socialmente importante.

Parte II - Percepções e ações de Celsina Teixeira

*"Não devo um real em loja alguma, ou antes,
não tenho conta em nenhuma"*

NA PARTE I DESTE CAPÍTULO, foram discutidos aspectos relacionados à educação feminina, tanto na instituição de ensino como ainda no interior do núcleo familiar inicial. Nessa discussão, nuances da dinâmica interna familiar foram analisadas a partir das trajetórias de algumas das principais personagens da família Spínola Teixeira, percorridas ainda dentro do núcleo original, tais como a mãe, Anna Spínola, e as filhas, Evangelina, Celsina e Hersília.

A análise de elementos importantes como a rarefação e o conteúdo das correspondências, sobretudo de Anna e Celsina, apresentaram indícios sobre a educação feminina, divisão de tarefas, participação na educação dos irmãos menores e, principalmente, no estabelecimento de estratégias para a manutenção do poder econômico da família, num contexto de grave crise econômica e social.

Nesta segunda parte, serão destacados elementos mais específicos sobre a trajetória individual de Celsina Teixeira nos períodos que antecederam e sucederam imediatamente a sua saída do núcleo familiar original. Serão abordadas questões a respeito da maneira como ela, entre os anos de 1909 e 1916, ou seja, entre casamento e adoecimento do marido, respectivamente, estabeleceu seus métodos próprios de gerenciamento das finanças da família, formada pelo casal e o único filho, nascido em 1910. Ao avançar para os anos posteriores, esta análise versará também sobre a ampla visão de Celsina a respeito do contexto político, social e econômico das primeiras décadas do século XX, identificada no conteúdo das correspondências trocadas com os membros da família.

Como foi salientado anteriormente, cenas de mulheres cosendo, bordando, aprendendo a tocar bandolim ou piano, exercendo a atividade docente, entre outras, aparecem de maneira farta nas correspondências. No entanto, quando seriadas e contextualizadas, as correspondências oferecem elementos que auxiliam na quebra da ideia do imobilismo das ações femininas, como se estivessem naturalmente relegadas aos assuntos intramuros. Desta maneira, mesmo que muitas vezes ligada por algum motivo à família, as interpretações femininas sobre a realidade vivida, presentes nas correspondências, estarão nesta análise coadunadas com suas respectivas ações no contexto histórico vivido por Celsina Teixeira, tanto dentro como fora do ambiente doméstico.

Imagem 12: José Antônio Gomes Ladeia (Juca) e Celsina Teixeira. Acervo do Arquivo Público Municipal de Caetité [autoria desconhecida, s/d.].

A análise dos locais de envio e destino de correspondências trocadas por Celsina e seus familiares propicia a constatação de que, após o retorno para Caetité, em 1909, e o casamento neste mesmo ano com o farmacêutico José Antônio Gomes Ladeia (Juca), ela manteve um deslocamento constante entre a cidade e a fazenda do casal.

Imagem 13: Celsina Teixeira (a terceira a partir da esquerda) com o filho no colo, em viagem a cavalo. Acervo do Arquivo Público Municipal de Caetit. [autoria desconhecida, 1910-1911, data estimada].

O deslocamento do casal entre ambas as localidades traz elementos importantes sobre a inserção de Celsina Teixeira no gerenciamento dos negócios, antes e depois do adoecimento do marido. Este gerenciamento diz respeito, entre outros aspectos que serão abordados mais adiante, aos bens adquiridos por ambos, tais como imóveis, gados e apólices.

Buscando a origem genealógica de Juca, na certidão de casamento presente no seu inventário, consta que este teve por genitores o coronel Antônio Rodrigues Ladeia Lima e Sophia Elvira Gomes Ladeia,[1] filha do Barão de Caetité. O livro de Santos traz as seguintes informações sobre este casal:

> Descendência do Barão de Caetité:
> Casou-se com Elvira Benedita de Albuquerque Gomes, filha do Comendador João Caetano; tiveram três filhas:
> Maria Vitória – casada com Joaquim Manoel Rodrigues Lima. 6 filhos.
> Rita Sofia – casada com José Antônio Rodrigues Lima, irmão do Dr. Joaquim Manoel, conhecido por Coronel Cazuzinha; sem filhos.
> *Sofia – casada com o Dr. Antônio Rodrigues Ladeia,* que foi juiz municipal de Monte Alto. *Morreram cedo, deixando três filhos que foram criados pela Baronesa.*
> (SANTOS, 1997: 219 – grifos meus).

As informações presentes no inventário do Barão e da Baronesa de Caetité, falecidos em 1890 e 1892, respectivamente, não trazem menção a três, mas sim a dois filhos criados pela Baronesa. A partir da análise documental foi possível identificar que tanto o Juca quanto o irmão Antônio herdaram dos avós um montante avaliado em aproximadamente quarenta e um contos de réis, cada um.[2] A descrição do quinhão destinado ao Juca vem assim em seu inventário:

---

1   *APEB.* Seção Judiciário. Série Inventários. ID: José Antônio Gomes Ladeia e Celsina S. Teixeira Ladeia. Est. 8, cx. 3571, doc. 12, 1924/1944, 109 f., fl. 6 verso.

2   *APEB.* Seção Judiciário. Série Inventários. ID: Barão e Baronesa de Caetité. Est. 2, cx. 722, doc. 1187, maço 1, 1890,1903, 157 f., fl. 58 a 72.

(...) Metade das terras e benfeitorias, inclusive casas da fazenda "Santa Bárbara", sita a duas léguas d'esta Cidade n'este Districto (...) Metade das terras da fazenda "Malhada Grande" no Termo e Comarca de Monte Alto havida pelo inventariado na herança de sue avô Barão de Caetité, avaliada por um conto de reis (...) Uma parte de terra na fazenda das "Urtigas" no termo e comarca de Monte Alto, havida pelo inventariado, na herança de seu avô, o Barão de Caetité, no valor de cincoenta mil reis, digo no valor de cem mil réis. Uma parte das terras nos "Geraes" de Monte alto e Termo do mesmo nome, havido também pelo inventariado na herança de seu avó, o Barão de Caetité, no valor de cincoenta mil reis.[3]

Constam nesse mesmo inventário as terras adquiridas por herança pela morte dos pais, quando aquele ainda era criança. Neste mesmo inventário, chama atenção também os bens amealhados pelo casal Juca e Celsina, que foram os seguintes:

> (...) *uma casa feita nesta cidade à praça da Cathedral com uma porta e cinco janellas de frente e mais três janellas* na segunda frente para uma travessa ao lado todos envidraçadas com platibanda, diversas dependências e um pequeno quintal murado e ajardinado com mais outro quintal adiante do primeiro e também murado do outro lado da rua que fica com fundo; (...) *outra parte [da fazenda Santa Bárbara]* por compra do Doutor Manoel Luiz do Rego e sua mulher Dona Rita Sophia de Lima Rego.

---

3   *APEB.* Seção Judiciário. Série Inventários. ID: José Antônio Gomes Ladeia e Celsina S. Teixeira Ladeia. Est. 8, cx. 3571, doc. 12, 1924/1944, 109 f., fls. 12 a 14 verso.

o casal de sua constituinte possui *vinte apólices federaes* da dívida pública (...). *Dezoito apólices estadoaes* do empréstimo da unificação (...) o casal de sua Constituinte possue, na fazenda dos "Campos" situada no Termo e Comarca de Monte alto, *quinhentas cabeças de gado vaccum, de toda a sorte, e seis cavalos de campo* (...) *Declarou que o casal não tem dívidas ativas, nem está sujeito a dívidas passivas.*[4]

Imagem 14: Fachada da casa que pertenceu ao casal Celsina Teixeira e Juca[autor: Adailton Carvalho – Fotus K, agosto de 2009].

Vale frisar que, a partir da descrição dos bens, sejam os herdados por Juca ou os comprados durante o casamento, que não é objetivo deste estudo discutir se o montante do casal aumentou ou diminuiu ao longo do tempo. Propõe-se para esta análise perceber, por meio da identificação dos locais de remessa e destino das correspondências trocadas entre Celsina e Juca, conectadas a seus conteúdos, que a aquisição ou venda de

---

4   APEB, *Idem*, fls. 12 a 14(grifos meus).

imóveis e gados implicavam em ações, deslocamentos e relações sociais dos sujeitos, seja na casa da cidade ou nas fazendas.

Em consonância com a metodologia assumida por este estudo, Ferreira (2004) dedicou-se à análise das trajetórias e redes de sociabilidades construídas por Honestalda de Moraes Martins, no interior do Rio de Janeiro, entre os séculos XIX e XX, traçando um perfil para a sua personagem.[5]

Na sequência de seu texto, a mesma historiadora lança uma indagação, cujos aspectos coincidem, numa certa medida, com os assuntos que serão expostos nessa seção:

> Como essa mulher, que nasceu e morreu numa fazenda no interior fluminense e que possuía traços semelhantes aos de muitas outras mulheres de sua família e de sua geração, pôde garantir para si o direito de ser dona do seu destino, de exercer poder sobre sua própria vida e de fugir do papel feminino tradicional (FERREIRA, 2004: 246).

De modo sucinto em seu artigo, Ferreira abordou a trajetória de uma personagem que sozinha herdou grande fortuna e se elegeu prefeita da cidade de São Francisco de Paula.

De maneira análoga, as fugas dos papéis femininos prescritos socialmente estão intrinsecamente relacionados à trajetória de Celsina, no entanto, especificamente para esta pesquisa, é preciso salientar que isso não deve ser considerado como estranho ao processo histórico em questão. Na parte I deste capítulo, foi observado que, nas primeiras décadas da República, a educação recebida pelas mulheres na escola normal estava inserida no que era preconizado ao sexo feminino no âmbito nacional. Neste período, a educação destinada a este gênero tinha um fim

---

5   "Honestalda fugiu dos padrões estabelecidos, usufruindo de doses expressivas de autonomia e desempenhando, especialmente após a morte do marido, papel de destaque como fazendeira e mulher de negócios no começo dos anos 1930"(FERREIRA, 2004: 241).

específico, isto é, prepará-lo para o lar ou para o magistério primário. Nesta mesma linha, a educação recebida ainda em casa revelou a inserção em uma série de tarefas associadas à dinâmica da casa e da família.

Contudo, independentemente dos preceitos educacionais, a análise das ações efetivas dos sujeitos femininos evidenciou que, mesmo a partir do espaço doméstico, ultrapassaram esta esfera e foram socialmente importantes.

Seguindo a linha proposta por Parente no estudo sobre as vivências quotidianas das mulheres no norte de Goiás, no século XIX:

> Parte-se, então, do pressuposto de que a vida da mulher era mais dinâmica do que a simples função feminina de executar serviços domésticos e de procriar, de que ela contribuiu não só para o processo de sobrevivência familiar, mas também para o processo de transformação vivida pela sociedade nortense. E, em muitos casos, subverteu as normas com suas práticas cotidianas assimiladas por uma grande parcela da sociedade (PARENTE, 2006: 12).

O caminho proposto por Parente (2006) e assumido nesta pesquisa é historicizar as ações quotidianas e relativizar comportamentos sociais impostos de maneira a buscar não apenas uma fuga dos padrões pelos sujeitos envolvidos no seu devir quotidiano, mas também fugir dos padrões de análise. Em outras palavras,:

> Trata-se de historicizar os próprios conceitos com que se tem de trabalhar não somente as categorias das relações de gênero, como também os conceitos de reprodução, família, público, particular, cidadania, sociabilidades, a fim de transcender definições estáticas e valores culturais herdados como inerentes a uma natureza feminina (DIAS, 1992: 41).

Esta fluidez dos conceitos auxilia na relativização e na percepção dos poderes internos ao núcleo familiar, por exemplo. Mesmo que historicamente determinada como patriarcal, em que a figura do pai é predominante, enquanto provedor financeiro, as relações internas do grupo familiar são percebidas quando se acompanha de maneira mais detida as trajetórias individuais.

Foi nesta perspectiva que a figura de Anna Spínola Teixeira foi enxergada na presente pesquisa, distribuindo tarefas aos empregados e às filhas, organizando a dinâmica interna da casa, participando dos negócios, comercializando, ditando regras e tecendo estratégias para cada membro.

Por mais que Celsina Teixeira tenha internalizado as funções preconizadas pela escola e pela família, suas ações seguiram um curso específico, a partir de improvisações necessárias às realizações de tarefas múltiplas inerentes à vida quotidiana. Um olhar atento sobre as cartas trocadas entre ela e o marido, durante os anos de 1909 a 1916, faz emergir elementos que revelam uma dinâmica própria e uma grande participação nas decisões do núcleo, agora formado por ela e o marido.

A dinâmica de troca de correspondências entre ambos sugere uma divisão de tarefas bastante nítida, quando se observa os locais ocupados.

> Caetité, 18 de Setembro de 1914.
>
> Meu querido Juca
>
> Recebi tua cartinha vinda pelo Ladislao, que aqui chegou ao meio dia, e segue hoje as 17.
>
> Estimei immenso saber que continuas com saúde, e fazendo algum negócio.
>
> Vamos regularmente. Edvaldo, bom e menos impertinente. Não se esquece de ti, sempre pergunta quando vem e porque estas demorando.
>
> Enquanto estiveres bem disposto, é bom aproveitares a quadra, logo que já estas ahi, para fazeres mais negócio, e assim poderes demorar mais por cá, quando vieres.

Recebi os 250$ -, que ficam guardados, pois creio não precisar, salvo se demorares muito, o que talvez não aconteça (...).[6]

Enviando ou recebendo correspondências ora da casa e da fazenda Santa Bárbara em Caetité, ora da fazenda Campos, as divisões de tarefas são claras: enquanto Juca viajava para fazer "algum negócio", Celsina ficava em casa cuidando do filho e dos demais afazeres domésticos. Obviamente que esta maneira de observar encobre muitos aspectos relevantes, pois o sujeito em questão não deve ser visto de maneira isolada, "mas como uma identidade construída social e culturalmente no jogo das relações sociais e sexuais, pelas práticas disciplinadoras e pelos discursos/saberes instituintes"(Rago, 1998: 27).

Esta nítida diferença de papéis presente nas correspondências, cuja consequência imediata é pensar na existência de ações internas ou externas de maneira separada deve então ser vista enquanto construção histórico-social e não como algo natural e inerente ao sexo feminino. Além disso, devido à fluidez das fronteiras entre os espaços, entre o público e o privado, as correspondências muitas vezes reiteram os papéis prescitos socialmente escamoteando os dados concretos da vida quotidiana.

Esta tendência em separar as fronteiras entre público e privado é fruto de um binarismo que, segundo Swain,

afasta a possibilidade do humano em múltiplas facetas: ou se é homem, ou mulher, com suas características próprias. Ir além das premissas habituais de uma filosofia criadora de universais, cuja importância e fundamento são valores históricos e transformáveis pela sua própria dinâmica reflexiva, é ainda penoso: os sistemas de pensamento fazem-nos perceber o mundo em branco ou negro, bom ou mau, feminino ou masculino (Swain, 2005: 347).

---

6   Celsina. *Carta para Juca*. Caetité, 14 de setembro de 1914. APMC, Grupo: José Antônio Gomes Ladeia, Série: correspondências, caixa 1, maço 1, n°. 83.

O caminho sugerido pela historiadora para escapar deste binarismo é enxergar "não mais mulheres ou homens, mas sujeitos políticos, criadas/os por relações, sentidos e representações, construídas e inventadas no seio das práticas sociais, históricas e transformáveis"(SWAIN, 2005: 347).

Imagem 15: Celsina Teixeira, Juca e o filho Edvaldo. Acervo do Arquivo Público Municipal de Caetité [autoria desconhecida, 1912-1913, data estimada].

No caso específico de Celsina, Tilinha, Evangelina, Anna Spínola Teixeira e demais mulheres que viveram a transição dos séculos XIX para o XX no Alto Sertão baiano, com suas mudanças sociais, políticas e econômicas, onde estariam inseridas suas práticas ou quais suas perspectivas de exercício de poder político?

Segundo Swain (2005: 346), é na própria construção social do feminino que reside esta perspectiva política: "um feminino criado, instituído, ensinado, modelado ao longo de nossas vidas, porém perfeitamente real, em um quotidiano pesado de coerções, de poderes dilacerantes, disciplinares".

A construção histórica do feminino, processada em Caetité pela escola, família ou igreja, não fugiu à regra determinada no restante do país. Assim, é perfeitamente compreensível a presença de valores, normas e condutas sociais prescritas ao gênero feminino nas correspondências, nos discursos dos sujeitos da trama social:

> (...) No domingo de Ramos haverá communhão solene das meninas do cathecismo. O padre Santos tem trabalhado para ver se consegue alguma cousa.
> Estou cosendo um vestidinho para Angelina vestir no domingo, não sei se encontro o seu véu e capella que por esquecimento deixei de mandar perguntar onde estava (...).[7]

Sobre a presença desses valores nos discursos, ainda de acordo com Swain:

> Tendo em vista o peso das representações sociais na partilha do humano em duas categorias primárias – mulher/homem – parece-me claro, que as mulheres exprimem valores que lhe foram inculcados antes mesmo de terem nascido, próprios a um feminino modelar (SWAIN, 2005: 346).

No entanto, a presença nas cartas de elementos que induzem a uma análise binária ou de nítida separação entre público e privado, não pode ser o determinante das ações das personagens. Desta forma, se houve pesadas coerções e disciplinas, houve também ações que, mesmo inseridas em modelos determinados ao feminino, caminharam em muitos

---

7 TILINHA. *Carta para Celsina.* Caetité, 14 de Abril de 1916. APMC, Grupo: Celsina Teixeira Ladeia, Série: correspondências, caixa 2, maço 1, nº. 645.

sentidos, em muitos lugares, e é neste ponto que reside, seguindo os caminhos de análise proposto por aquela historiadora, o exercício do poder político pelas mulheres da elite caetiteense.

Ao analisar os registros presentes nas correspondências e em outros documentos do acervo, é possível perceber que Celsina (mas não somente ela) percorreu uma longa trajetória política, cujos meandros da arte de negociar, ceder, impor, sugerir e caminhar aconteceram inicialmente no espaço doméstico. A partir desse local, ela não subverteu valores aprendidos, apenas os utilizou como tática[8] caminhante na extensão dos espaços de atuação, de maneira a dialogar (ou se impor, talvez) com diversos sujeitos, nas mais variadas esferas sociais: da mãe ao pai, irmãos e marido, do padre ao devoto, do prefeito ao coveiro e do comerciante ao mendigo.

Entre previsões e provisões: *"Não precisava deste dinheiro aqui, pois, é com que tenho que gastar no ano vindouro..."*

As cartas trazem subsídios que permitem identificar nuances de como se processaram as atitudes decisórias de comprar ou vender terras e animais. Tais atitudes estão fortemente associadas às amplas percepções de conjunturas vividas pelos personagens. Sem dúvida, requereram domínio de conhecimento em vários âmbitos da vida social, como preços de produtos, épocas propícias para determinadas transações comerciais, conjunturas políticas etc.

---

8   Neste estudo utiliza-se o conceito de tática segundo a perspectiva de Michel de Certeau. De acordo com este autor, tática é "um cálculo que não pode contar com um próprio, nem portanto com uma fronteira que distingue o outro como totalidade visível. A tática só tem por lugar o do outro. Ela aí se insinua, fragmentariamente, sem apreendê-lo por inteiro, sem poder retê-lo à distância. Ela não dispõe de base onde capitalizar os seus proveitos, preparar suas expansões e assegura uma independência em face das circunstâncias. 'O *próprio* é uma vitória do lugar sobre o tempo. Ao contrário, pelo fato de seu não-lugar, a tática depende do tempo, vigiando para captar no vôo possibilidades de ganho. O que ela ganha não guarda. Tem constantemente que jogar com os acontecimentos para os transformar em ocasiões"(1994: 46 – grifos do autor).

O conteúdo da carta trocada entre Juca e Celsina, em que se destaca a economia de 250 réis, já citada neste capítulo, ganha outros significados quando se amplia a observação sobre o contexto histórico. A decisão de guardar os 250 réis enviados pelo marido esteve associada àquela conjuntura vivida e são as próprias correspondências trocadas entre ela e o marido que oferecem informações a respeito:

> Campos, 1 de Abril de 1913.
>
> Querida Celsina
>
> Há dias te escrevi uma carta dando minhas noticias, e agora faço-te esta com o mesmo fim.
>
> *A secca vai accentuando-se por cá, hontem, esteve aqui o Clemente, que disse-me estar secco o tamque do Mucambo; não sei qual será o resultado deste sol tão ardente.*
>
> Mandei fazer a junta de bois p.ª entregar ao Mario; e tenho vendido alguns a dinheiro. Encontrei somente 14 requeijões tirando o Ladislao e a meia, sahindo, portanto, do contracto.
>
> O Elpidio vae indo bem, mostrando o otimidade no trabalho de campo.
>
> Os bizerros montam a mais de 500; por m.to já estão ferrados 446.
>
> O numero de bizerros no Mucambo calcula-se em 80 mais ou menos.
>
> E portador desta o Elpidio que vae buscar farinha e levar 24 requeijões d'aqui e do Espinheiro.
>
> Felizmente, tenho gosado saúde.
>
> Recebi um cartão do Quincas visitando-me.
>
> Talvez não leve m.tos dias por aqui, por que a saudade já vae crescendo cada dia q passa.
>
> Lembranças a todos.
>
> Ancioso aguardo tuas noticias e de Edivaldinho.

Beijos e um abracinho em Edivaldinho e um saudoso adeus.

Do teu esposo q m.to estima.

Juca.[9]

Caetité, 5 de abril de 1913.

Querido Juca

Recebi tua cartinha de que foi portador o Elpidio. Há dias escrevi-te pelo Manoel.

Estimo e peço a Deus que continues com saúde.

Vamos indo regularmente. Mamãe continua sentindo febre, ora mais, ora menos. *De hontem para cá, tem cahido fortes aguaceiros; hoje, choveo desde horas da manhã até o meio-dia. Permitta que seja geral, pois, salvará a creação. As chuvas que cahiram aqui, se fossem ahi, teriam enchido os tanques.* Achei os requeijões muito poucos, mas, parecem não estarem malfeitos; seriam feitos com asseio?

Nesta semana, deves estar de volta, não?

Edvaldo não se esquece de ti, constantemente está falando no papaesinho. Diz sempre que "papae foi bica equeijão nos Campos e que chega amanhã."

Oscar tem escripto, está matriculado no 1º anno, porque não foram aceitos os exames da Bahia.

Há dias é esperado Mario que vem trazer as meninas para o collegio. Do Macól. Porém, até hoje ainda não chegou. É bem provável que elle espere que Alzira chegue primeiro. Ella não manda dizer quando vem, nem pessoas que vêm de lá sabem; sempre o mesmo mysterio. Acho que não devem tardar.

---

9   Juca. Carta para Celsina. Campos, 1 de Abril de 1913. APMC, Grupo: Celsina Teixeira Ladeia, Série: correspondências, caixa 1, maço 3, nº. 477 (grifos meus).

Continua a seguir muita gente para S. Paulo; como te escrevi, sahiram dois grupos nesta semana passada, num dos quaes foi a famíla do Gaudêncio. Neste momento passou aqui na porta um grupo de 35 mais ou menos, não sei de onde vêm, uns a cavallo, outros a pé: parecia uma procissão.
Adeus, aceite lembrança de todos, beijos de Edvaldo, que pede-te a benção e saudades e mais saudades de tua esposa mto amiga
Celsina.[10]

Em carta anterior, escrita no dia 2 de abril de 1913, Celsina trata sobre as perspectivas de chuvas para a cidade, a carestia dos produtos e migrações para São Paulo:

Caetité, 2 de abril de 1913
Querido Juca
(…) Depois de muitos dias de grande calor, hoje estão-se formando bonitas armações, promettedoras de chuvas.
O povo continua a sair para S. Paulo: de hontem para hoje, dizem que vão sair perto de 60 pessoas.
Os gêneros estão subindo; farinha, na feira passada deu a 7 e 8 litros; arroz a litro e meio e 2 litros; feijão, o mesmo. Muitos estão comprando para guardar (…)
Celsina.[11]

Antes do ano de 1913, as últimas cartas que fazem menção às chuvas ocorridas na região são as seguintes:

---

10 Celsina. *Carta para Juca*. Caetité, 5 de abril de 1913. APMC, Grupo: José Antonio Gomes Ladeia, Série: correspondências, caixa 1, maço 1, n°. 60 (grifos meus).

11 Celsina. *Carta para Juca*. Caetité, 2 de abril de 1913. APMC, Grupo: José Antonio Gomes Ladeia, Série: correspondências, caixa 1, maço 1, n°. 62.

Campos, 20 de setembro de 1911.,
Querido Juca
(...) Tem chovido bastante, depois que saíste, tanto que as aguadas mais cheias. As árvores estão se vestindo e sobre as campinas já estendeu-se o tapete esmeraldino, que começa a pintar-se de flores. O caldeirão encheu-se, porém, a água está cor de café. A cisterna cobriu-se toda, creio que o serviço só poderá ser feito para o ano (...).
Celsina.[12]

Campos, 25 de setembro de 1911.
Juca
(...) Não tem chovido há uns três dias, e sol tem sido muito quente; parece que estiou porque no céu não se vê uma só nuvem.
A vista aqui da frente está muito bonita, assemelha-se a um presepe renovado: está tudo muito verde (...)
Celsina.[13]

As informações contidas nas cartas escritas entre os anos de 1911 a 1913 apresentam indícios sobre o regime das chuvas ocorridas na região naquele período. A maneira como as chuvas foram esperadas no ano de 1913, cuja ocorrência iniciou-se apenas em abril daquele ano, indica que em 1912 não ocorreram precipitações.

Mesmo que esparsas, tais informações corroboram para analisar a maneira como o sertanejo convivia com o regime irregular de chuvas na região do Alto Sertão baiano. Vale mencionar também que esta região

---

12   CELSINA. *Carta para Juca*. Campos, 20 de setembro de 1911. APMC, Grupo: José Antonio Gomes Ladeia, Série: correspondências, caixa 1, maço 1, n°. 56.

13   CELSINA. *Carta para Juca*. Campos, 25 de setembro de 1911. APMC, Grupo: José Antonio Gomes Ladeia, Série: correspondências, caixa 1 maço 1, n°. 58.

ocupava – e ocupa – área de aproximadamente 180 mil km², totalmente incluída no polígono das secas, apresentando alto risco de estiagens (…). As chuvas são irregulares e se concentram entre os meses de outubro e março, assim, o índice pluviométrico da região é bastante oscilante (…). A região é recoberta por uma vegetação complexa, sendo grande parcela típica de contato entre o cerrado e a caatinga (ESTRELA, 2003: 39).

Estas incertezas climáticas, somadas às conjunturas econômicas e sociais do período, como a abolição da escravidão, por exemplo, levaram a uma "crise da agricultura"[14] nas primeiras décadas após a proclamação da República.

Novamente é possível perceber as estratégias traçadas pelos sujeitos sociais que conviveram com períodos de crise econômica na região. Desta forma, "o grupo de 35 pessoas, mais ou menos, a pé ou a cavalo", que passou na porta da casa de Celsina Teixeira, em abril de 1913, buscou naquele deslocamento para São Paulo a sua estratégia de sobrevivência.

Este evento migratório, ou utilizando as palavras de Celsina, aquela *procissão* formada por pessoas de origem incerta e destino certo (ou incerto), fez parte de um contingente amplamente relatado pela imprensa da época, cuja origem remonta ao século XIX.[15] Segundo Estrela:

Ciclicamente castigada pelas estiagens, a população do Alto Sertão sempre conheceu os deslocamentos em

---

14 Sobre esta crise da agricultura no período, ver SANTOS 200: 36-37.

15 A historiadora Ely Estrela, baseando parte de seu estudo na obra de João Gumes, editor do jornal "A Penna" e autor do romance "O sampauleiro", entre outros, traz as seguintes informações sobre as origens das migrações para o centro-sul do país: "Gumes afirma que o processo de deslocamento teria iniciado com o tráfico interno de escravos. Segundo ele, em meados de 1850 Caetité teria funcionado como ponto de concentração de emissários de fazendeiros paulistas incumbidos da compra de escravos das "gerais" e adjacências. O escasseamento dos cativos teria despertado neles o interesse por trabalhadores livres, que foram arregimentados em quantidade" (2003: 45).

Mulheres e poder no Alto Sertão da Bahia

direção às áreas mais úmidas. Assim, o fluxo de indivíduos do Alto Sertão para o Centro-Sul não constituiu novidade. Em razão do fato, não é demais perguntar: quantas foram as pessoas que se deslocaram para o Centro-Sul durante as secas de 1860, de 1877 e de 1899? (ESTRELA, 2003: 46).

Os relatos de Celsina e Juca sobre as secas na região e fluxos migratórios para São Paulo, somados às informações contidas no inventário citado anteriormente, dão conta dos grandes desníveis sócioeconômicos presentes em Caetité, nas primeiras décadas do século XX. Além disso, essas informações trazem à tona aspectos de um leque de alternativas diante das adversidades bastante desiguais.

Voltando aos 250 réis aprovisionados por Celsina, convém destacar dois elementos nessa atitude. O primeiro diz respeito exatamente às alternativas desiguais diante de cenários adversos, ou seja, enquanto segmentos da elite têm condições de diversificar a geração de recursos, como a guarda de dinheiro, a venda de gado e investimento em apólice, os demais segmentos sociais, como os

trabalhadores agrícolas e urbanos e os pequenos lavradores, habituados a um modo de vida com poucas provisões, sentiram em escala bem maior os efeitos das crises de abastecimento de alimentos e da alta dos preços dos produtos agrícolas (SANTOS, 2001: 37).

O segundo elemento mais importante para esta pesquisa refere-se exatamente aos métodos utilizados por Celsina para manter-se com os recursos que estiveram em suas mãos. No capítulo II, foi citada uma correspondência em que ela tece críticas à maneira como uma parenta sua organizava as despesas da casa da família em Salvador. Naquela ocasião ela registrou para a mãe que faltava para Yaya, alvo de suas críticas, um pouco de "método".

146   Marcos Profeta Ribeiro

Em outra correspondência, dessa vez enviada para o pai, Celsina detalhou melhor a maneira como os recursos enviados por ele eram gerenciados por Yaya:

> Papai (Bahia 4-12-1917)
>
> (...) Yaya ficou bastante sentida com o tópico de vossa carta de 15, em que dizia que ella suppõe que os meninos tinham ordem franca na casa Moraes, pois os meninos é que vieram dahi com esta ordem, ella esta estimando mto que fosse mandada uma mesada para as despezas. Ella toma nota de tudo, e pode-se correr o caderno que não se vê nada de extraordinário, é somente o necessário. A vida aqui está caríssima, mas, ainda assim, relativamente não estamos gastamos muito, porque a nossa diária regula 3$ – para cada um, de casa e comida.
>
> O que augmenta mais as despezas é o que se gasta em extraordinários; Eu já estou com uma média de quinhentos e tantos mil reis mensaes, dede que dahi sahi; e calculo que, depois de pagar o médico e outras despezas, esta média, em oitocentos e tantos mil reis, incluindo casa e comida, que relativamente é nulla. *Vanvam tem tomado nota de tudo* e pelas notas vmce poderá ver (...).
>
> Celsina.[16]

A presença de vários membros da família na mesma residência indica que o imóvel era utilizado para permanências fixas (realização de estudos) e temporárias (tratamento de saúde), na capital do Estado. A administração da casa ficava a cargo de Yaya que, tal como Celsina e

---

16   CELSINA. *Carta para Deocleciano Teixeira (Papai)*. Bahia, 4 de dezembro de 1917. APMC, Grupo: Deocleciano Pires Teixeira, Série: correspondências, caixa 4, maço 1, nº. 2164(grifos meus).

Evangelina (Vanvam), também possuía o hábito de anotar as receitas e despesas em um caderno.

Ao deslocar-se para Salvador, em 1917, para tratamento de saúde do marido, Celsina Teixeira interou-se não apenas da dinâmica interna da casa, mas também de tudo que se relacionava ao custo de vida do período, identificando as diferenciações de valores praticados naquela cidade em relação a Caetité e à inflação crescente vigente no período.

Mesmo que de maneira temporária, durante a permanência em Salvador, Celsina atuou como mediadora do conflito surgido entre o coronel Deocleciano e Yaya, por causa do aumento excessivo das despesas. As informações contidas na correspondência apontam que naquela ocasião Celsina justificou os gastos de todos ao pai, evidenciando a carestia da época na capital do Estado.

Na mesma correspondência, Celsina seguiu o mesmo tom:

> (...) pois, até ella [Yaya] faz as despezas com o dinheiro della e depois reparte-se no fim do mez e cada um paga a sua parte. Ultimamente ella tem feito esforço para economisar, porém, as cousas estão muito caras, e cada dia sobem de preço, o que tem augmentado as despezas (...).
> Celsina.

A partir deste episódio, a satisfação pelos gastos e administração dos recursos destinados à vida cotidiana da família Teixeira ficou a cargo das filhas, Celsina e Vanvam.

As diferenças quanto ao "método" utilizado na gerência dos recursos tornam-se evidentes com essa assunção, e o principal diferencial pode ser visualizado no modo específico de agir em tempos de crise. Isso fica patente não apenas na necessidade de anotar as expensas quotidianas, mas principalmente no corte de gastos, que Celsina chama de "extraordinários", que se referem às despesas não essenciais, e por isso passíveis de corte, e na destinação de recursos para despesas imprevistas:

Bahia, 25 de dezembro de 1917

Papae

(...) Pelo Cel. Octacílio, que esteve hoje aqui, recebi a quantia 4:550$000, saldo da c/ corrente. Sempre Vmce manda a fracção, agora foi mais 1$300.

Não precisava deste dinheiro aqui, pois, é com que tenho que gastar no ano vindouro.

Logo que os meninos terminarem os exames seguimos (...).

Celsina.[17]

Destaca-se no trecho da carta acima transcrita indícios das particularidades do "método" instituído cotidianamente por Celsina, no gerenciamento dos recursos da família. Ao receber, via portador, a quantia de 4:550$000, valor maior do que o pai costumava enviar, ela indicou que o dinheiro enviado não seria necessário, pois estavam voltando para Caetité e, segundo ela", (...) é com que tenho que gastar no ano vindouro".

A partir da elaboração das estimativas de gastos da família, Celsina Teixeira pode identificar com antecedência que o dinheiro enviado pelo pai não seria utilizado no ano corrente e que este excedente correspondia às necessidades de gastos a serem realizados no ano seguinte. Tais fatos indicam que o gerenciamento de custos realizado por Celsina, a partir do registro de todos os gastos mensais, consistiu na manutenção constante de cálculos dos dispêndios rotineiros, mantendo-se precavida diante das imprevisibilidades.

Corrobora para esta análise a observação das anotações pessoais das receitas e despesas realizadas por ela em relação à sua família especificamente (Celsina, Juca e o filho Edvaldo). A documentação indica que o método de administração aplicado por Celsina em Salvador, presente nas cartas de 1916 e 1917, foi bastante habitual ao longo da trajetória

---

17 CELSINA. *Carta para Deocleciano Teixeira (Papai)*. Bahia, 25 de dezembro de 1917. APMC, Grupo: Deocleciano Pires Teixeira, Série: correspondências, caixa 4, maço 1, nº. 2157(grifos meus).

dela e das irmãs, e é plausível pensar que foi uma constante em sua vida, desde tenra idade, pois compôs um rol de ensinamentos transmitidos em casa, em contato com os pais.

A partir de outros documentos presentes no acervo é possível perceber outras características do controle realizado sobre os recursos familiares:

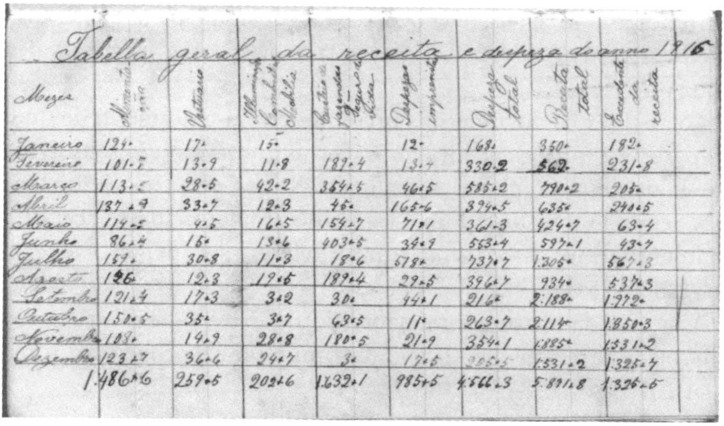

Tabella geral da receita e despeza do anno 1916

Mezes	Alimentação	Vestuario	Illuminação Combustivel Mobilia	Custeio de fazendas Seguro de vida	Despezas imprevistas	Despeza total	Receita total	Excedente da receita
Janeiro	124.	17.	15.		12.	168.	350.	182.
Fevereiro	101.7	13.9	11.8	189.4	13.4	330.2	562.	231.8
Março	113.5	28.5	42.2	354.5	46.5	585.2	790.2	205.
Abril	137.9	33.7	12.3	45.	165.6	394.5	635.	240.5
Maio	114.5	4.5	16.5	154.7	71.1	361.3	424.7	63.4
Junho	86.4	16.	13.6	403.5	34.9	553.4	597.1	43.7
Julho	157.	30.8	11.3	18.6	518.	737.7	1.305.	567.3
Agosto	126.	12.3	19.5	189.4	29.5	396.7	934.	537.3
Setembro	121.4	17.3	3.2	30.	44.1	216.	2.188.	1.972.
Outubro	150.5	35.	3.7	63.5	11.	263.7	2.114.	1.850.3
Novembro	108.	14.9	28.8	180.5	21.9	354.1	1.885.	1.531.2
Dezembro	123.7	36.6	24.7	3.	17.5	205.5	1.531.2	1.325.7
	1.486.6	259.5	202.6	1.632.1	985.5	4.566.3	5.891.8	1.326.5

Imagem 16: Tabela 2 – receita e despesa do ano de 1915.

Esta "Tabela geral da receita e despesa do ano de 1915 é parte integrante do registro contábil do ano de 1916",[18] e neste documento aparecem informações a respeito do montante de gastos realizados pela família de Celsina Teixeira ao longo de um ano. Na primeira coluna (da esquerda para a direita), estão descritos os respectivos meses do ano. Na sequência, da segunda até a quinta colunas, aparecem os montantes de gastos com "alimentação", "vestuário", "iluminação/combustível/mobília", "custeio de fazendas/seguro de vida" e "despesas imprevistas". Na sexta, sétima e oitava colunas, estão expostos a totalização através da "despesa total", "receita total" e "excedente de receita".

18 APMC, Acervo Particular Família Deocleciano Pires Teixeira, Grupo: Registros contábeis, Série: Livro Caixa, caixa, 2, maço 5.

No decorrer das páginas do livro contábil existem diversas informações mais específicas sobre hábitos de consumo geral desta família da elite caetiteense. Pormenorizar esses hábitos com a citação dos alimentos consumidos ao longo do ano, por exemplo, foge às pretensões deste livro.

Um ponto importante para este estudo diz respeito ao universo das relações sociais estabelecidas entre Celsina, Juca e empregados/as. Dentro dessas anotações, há a ocorrência constante de pagamentos por serviços diversos realizados na fazenda e na cidade, com prevalência para os vaqueiros.[19]

Ao analisar os documentos presentes na Casa do Barão de Caetité, Pires percebeu que "os proprietários locais anotavam em seus livros de razão as despesas com seus trabalhadores e os negócios de um modo geral". Segundo a historiadora, "vários documentos [desse acervo], especialmente os *livros de razão*, trazem referências aos negócios com o gado" (2009: 151).

A análise da historiadora evidenciou que o ato de fazer anotações em livros de razão foi algo bastante comum entre proprietários da região. Além disso,

> muitos dos negócios realizados nas fazendas se desdobravam nas cidades. A cidade era indispensável a expedientes mais burocráticos das transações comerciais, a exemplo de pagamentos de impostos de exportação

---

19   Sobre este segmento social de trabalhadores, Pires observou que "naquela sociedade do sertão, crianças desde muito cedo se iniciavam na cavalgadura ao lado dos seus pais, aprendiam a ordenha, o pastoreio e apartação, além do trato das 'bicheiras' do gado. Os vaqueiros se tornaram figuras emblemáticas da vida social do sertão.(...) Os vaqueiros adquiriam produtos, contratavam serviços ou alugavam pastos em seus percursos, que eram registrados em seus cadernos de viagem: toucinho, feijão, arroz, farinha, milho, rapadura, colheres, algodão, latas, cordas para cabresto e arreios, pastos, sabão, sal, mercúrio, carnes, 'manga' (pasto), ferragens em mula e cavalo. Também constam anotações com despesas relativas às 'pegadas de bois', referência ao gado perdido pelos pastos, e ainda pagamentos de 'pensões' (pousadas) em que se hospedavam" (Pires, 2009: 151/152).

Mulheres e poder no Alto Sertão da Bahia 151

para a coletoria provincial ou estadual, articulação com outros fazendeiros para envio de tropas, boiadas e dinheiro – para o Recôncavo e capital da peovíncia – e, ainda, pela possibilidade de assistência médica (mesmo que precária), jurídica, de comunicação e sociabilidade (Pires, 2009: 170).

Acrescenta-se, porém, a participação feminina como parte integrante na rede de relações econômicas e sociais do Alto Sertão, pois as anotações de Celsina indicam inteiração quanto aos negócios da família, quanto às conjunturas econômicas locais e regionais, envios de somas de dinheiro, conhecimento de preços de alimentos e valores de salários etc.

A presença de diversos indícios no livro, que mostram os pagamentos a vaqueiros e demais empregados das fazendas, não é suficiente para evidenciar a maneira como se processaram as relações sociais entre Celsina e esses segmentos, visto que os gastos mencionados foram contabilizados apenas para constar no rol das despesas da empresa doméstica de uma maneira geral.

Assim, o controle sobre dias trabalhados, salários, adiantamentos, faltas e tipo de serviços realizados pelos empregados eram feitos à parte, num caderno específico para este fim.

As análises da transcrição de alguns trechos do caderno de "creados de 1915"[20] compõem indicativos das relações estabelecidas entre Celsina e as empregadas da casa:

Rita – (8$ p^r mês)
Entrou em 17 de fevereiro
26 de fevereiro – 1$000
17 de março   – 8$000
              9$000
Saiu a 18 de março, ficando devendo 1$000 – pg.

---

20   APMC, Acervo Particular Família Deocleciano Pires Teixeira, Grupo: Registros contábeis, Série: Livro Caixa, caixa, 2, maço 17.

Jovita (8$000 mensais)
Entrou a 18 de março
Saiu a 18 de abril
Pg – 8$000

Duravalina (8$000)
Começou a 19 de abril
Adiantado – 5$000
Faltou 9 dias
Em 28 de maio dei – 1$000.

As funções das três empregadas não aparecem nas primeiras páginas das anotações, porém as três exerceram a mesma função, pois, de acordo com as datas de início e fim do trabalho, uma substituiu a outra. No caso específico de Durvalina, as anotações presentes nas páginas iniciais estão incompletas, contudo, algumas folhas à frente, ela é novamente citada e desta vez a função exercida vem claramente especificada:

Durvalina (cozinheira)
28 de abril (8$ mensais)
Tomou adiantado – 6$000
Em 28 de maio pg – 2$000
Em 4 de junho pg – 2$000
Em 12 de junho pg – 2$000
Em 28 de julho pg – 4$000
Em 28 de agosto pg – 6$000
Saiu a 25 de setembro.

Cabe citar que com a saída de Durvalina, outra cozinheira, de nome Minervina, passou a exercer esta atividade a 9$000 mensais e assim permaneceu até o ano de 1916. Além dessas pessoas, outros nomes são mencionados, tais como os "aguadeiros" Maria Angélica, que saiu em fevereiro e foi substituída por Simplício e Benedicta; as "gomadeiras" Margarida, substituída por Rita; Gaspariano (Leite) e Laurinda (jardineira) etc.

No caderno dos "creados de 1915", é notória a presença de atividades mais identificadas com o ambiente doméstico. Vale ressaltar que a citação deste documento, como caminho para investigar as relações sociais entre Celsina e seus empregados, não implica no estabelecimento de uma visão em separado dos domínios público e privado. É certo que as próprias correspondências nos induzem para essa sutil armadilha, pois como foi anteriormente analisado, enquanto Juca viajava para realização de negócios com o gado, Celsina Teixeira permanecia na casa da cidade ou na fazenda. Porém, conforme trataremos a seguir, as análises sobre os variados assuntos tratados nas correspondências, entre Celsina e seus familiares indicam que esta exercia diversas atividades nas casas da família, que diferiam do comportamento prescrito socialmente para mulheres.

Sobre este aspecto, Maluf alerta que

> examinar a realidade exclusivamente através de esferas separadas pode significar o confinamento da mulher a certas funções que são sempre representadas como alheias àquilo que é socialmente valorizado (MALUF, 1995: 201).

Nesta perspectiva, as atividades de Celsina Teixeira, demais mulheres do seu grupo social e também as cozinheiras, gomadeiras e aguadeiras são vistas como próximas das pràticas concretas e distantes dos papéis prescritos (MALUF, 1995: 200). Em outras palavras, anotar preços, salários, fazer contas, pagar, vender, receber, enfim, compõem um conjunto de movimentos, que exigem negociações constantes e ultrapassam a "frágil fronteira existente entre o lar e a empresa"(MALUF,1995: 197).

Por isso, sem incorrer em exageros, a perspectiva de análise para as tensões existentes entre Celsina Teixeira e seus "creados de 1915" (e de outros anos) pode também ser estendida para os trabalhadores das fazendas, como os vaqueiros e encarregados:

Caetité, 18 de Agosto de 1924.

Sr. Jesuíno

Campos

Recebi sua carta, ficando sciente de ter encontrado os burros, que o Sr. Celso verá se convém ou não compral-os. Achei-os caros, se são como o Sr. diz a 180# – Assim não me convem compral-os, deixe ver se baixam mais. Não vale a pena comprar do que a 120# – Vejo que o serviço foi começado tarde como o Sr. diz; antes porém, é que o Sr. devia ter previsto.

O gado está subindo muito e assim não convem vender nossas a menos de 80# – e algum boi inutilizado a menos de 100# No S. Francisco, estão vendendo para boiada a 130# – Juca vae no mesmo.

Lembranças a sua familia.

Se for possível, tosquie os carneiros e mande a lã. Não sei porém, se agora é tempo próprio. Não se esqueça das pennas de êma.

Lembranças da Patroa am.[a]

Celsina T. Ladeia.[21]

A percepção da substituição constante das cozinheiras no decorrer do ano aponta nessa direção. No processo de negociação constante evidente nas relações sociais quotidianas, é plausível que a não permanência das empregadas tenha ocorrido devido a uma série de fatores, tais como baixos salários, não adequação às regras estabelecidas no ambiente doméstico, quanto ao asseio no trato com alimentos, ou ainda discordâncias entre adiantamentos, horas devidas de trabalho e o restante a ser pago.

Neste ponto, tensões amplamente identificadas com a cena pública, podem ser mais bem visualizadas através da dimensão privada da vida

---

21 CELSINA. *Carta para Jesuíno.* Caetité, 18 de agosto de 1924. APMC, Grupo: Celsina Teixeira, Série: correspondências, caixa 1, maço 1, nº. 64(grifos meus).

quotidiana. Analisando de maneira mais detalhada essas tensões, vale destacar que a permanência da cozinheira Minervina por mais tempo na casa coincidiu com o aumento do salário de oito para nove mil réis. Ao mesmo tempo, a impermanência de algumas cozinheiras pode estar relacionada às concepções quanto ao asseio e higiene em voga no período.[22] Segundo Santos:

> as precárias condições de salubridade, que os segmentos pobres viviam, difundiram a ideia, entre as elites, dos riscos que estes segmentos representavam a uma perda de controle das epidemias características do final do século XIX e início do século XX, como a febre amarela, a varíola e a tuberculose (SANTOS, 2001: 48).

As citações de trabalhadores/as das camadas baixas da população prestando serviços fixos e temporários em troca de parcos rendimentos demonstram a circulação constante e intensa de pessoas no meio urbano de Caetité, no início do século XX. Antes de representar um dinamismo econômico e social, o ir e vir desses segmentos também deve ser visto como táticas de sobrevivência diante de cenários econômicos críticos.

Na outra ponta da trama social engendrada pelos sujeitos, estavam proprietárias como Celsina Teixeira que, a partir de métodos de

---

22 Santos analisou que "na esteira de um projeto *modernizador* e *civilizador* dos centros urbanos do país, durante as décadas iniciais da República, os governos municipais de Caetité buscaram efetuar uma série de reformas urbanísticas. Tal projeto propunha-se ao *'asseio'* e *'embellezamento'* da cidade e ao controle dos usos do espaço urbano por seus habitantes, em nome da civilização e do progresso" (2001: 45). Dentro dessas medidas este historiador informou que "em março de 1908, a Intendência Municipal de Caetité decretou algumas medidas para a prevenção da varíola. Através de um decreto municipal, o Intendente autorizava a aquisição de *'agentes chimicos necessários á antisepcia'* e a instalação de postos de observação para o isolamento das entradas da cidade, obrigando o *'expurgo de todas as pessoas que entrarem na cidade vindas de lugares suspeitos e condemnados'*(SANTOS, 2001: 48, grifos do autor).

gerenciamento das finanças e organização da empresa doméstica, evidenciaram por suas ações inseridas no contexto econômico e social da cidade, ocasiões de tensões e manifestação de poderes.

A conjugação de informações presentes nas fontes de objeto deste estudo, confeccionadas entre 1909 e 1916, revelou aspectos singulares da vida de Celsina Teixeira, vividos entre o casamento e adoecimento do marido, evidenciando atuações muito diferentes das prescrições dos papéis sociais.

O percurso vivido por Celsina entre os anos de 1916 a 1926, cujos fragmentos estão registrados nas correspondências e em outras fontes do referido período, aponta para uma intensificação das tensões decorrentes das novas necessidades quotidianas provocadas pelo estado de saúde do marido.

O detalhamento destes dez anos, que será apresentado na sequência do capítulo, envolve uma série de acontecimentos, tais como a assunção total dos negócios da família, a partir de 1916, as tensões no meio social e familiar e a fundação da Associação das Senhoras de Caridade, em 1919.

Entre praças, casas, igrejas e fazendas, a distribuição do tempo: *"A Associação é para os de boa vontade ou que saibam distribuir o tempo!"*

Como foi anteriormente destacado, após o casamento, os locais de envio e recebimento de correspondências de Celsina Teixeira e do marido revelaram que, de 1909 a 1916, ambos deslocaram-se constantemente entre a casa da cidade e a fazenda.

Esses deslocamentos eram determinados pela necessidade de manutenção dos negócios e da rede de sociabilidade, por isso, nos períodos em que permaneceu em Caetité, entre uma visita e outra aos parentes, Celsina manteve-se informada a respeito das atividades das fazendas (venda de gado e produção de requeijões), sobre acontecimentos citadinos mediante leitura da imprensa local, tomava conhecimento de notícias trazidas por viajantes e sugeria estratégias de negócios ao marido. Ao mesmo tempo, quando passava longos períodos nas fazendas,

Mulheres e poder no Alto Sertão da Bahia 157

participava ativamente da gerência da produção e transações comerciais realizadas nesses locais:

> Campos, 4 de fevereiro de 1916.
> Juca
> (...) O Antonio não quis comprar o gado, porque era de 60$ -; mandou ajuntar o delle para o Cel Balbino, a quem vendeu a 55$.
> O Chicão, que aqui está, quer comprar o nosso, porém, não vendi; por não me inspirar confiança (...).
> Celsina.[23]

Contudo, o ano de 1916 apresentou-se como um grande divisor de águas na vida de Celsina. As cartas enviadas a parentes diversos apontam o início da doença do marido nesse período, cujo estado de saúde piorou gradativamente, levando-o ao falecimento em 1926.

O período compreendido pela busca da cura, a partir de tratamentos prescritos por médicos fixados em Salvador e Rio de Janeiro, as necessidades de deslocamentos para essas localidades, a constatação da impossibilidade de recuperação, marcada pelos insucessos dos inúmeros tratamentos terapêuticos e pelo crescente agravamento da doença, marcou de maneira contundente a vida de Celsina.

Para a compreensão das ações tomadas por Celsina nesse ínterim, serão observadas para esta análise as categorias "espaço de experiência" e "horizonte de expectativa", conforme o desenvolvimento teórico de Reinhart Koselleck.

Segundo este autor,

> São duas categorias adequadas para nos ocuparmos do tempo histórico, pois elas entrelaçam passado e futuro. São adequadas também para se tentar descobrir o

---

23 CELSINA. *Carta para Juca*. Campos, 4 de fevereiro de 1916. APMC, Grupo: José Antonio Gomes Ladeia, Série: correspondências, caixa 1, maço 1, nº. 67.

tempo histórico, pois, enriquecidas em seu conteúdo, elas dirigem as ações concretas no movimento social e político (KOSELLECK, 2006: 308).

Segundo Koselleck (2006: 307), ambas as categorias se equivalem, "pois não se pode ter um sem o outro". Elas remetem à temporalidade dos sujeitos, "e com isto, de certa forma meta-historicamente, à temporalidade da história"(2006: 309). Ao defini-las separadamente de maneira mais detalhada, este historiador propõe que

> a experiência é o passado atual, aquele no qual acontecimentos foram incorporados e podem ser lembrados. Na experiência se fundem tanto a elaboração racional quanto as formas inconscientes de comportamento, que não estão mais, ou que não precisam mais estar presentes no conhecimento. Além disso, na experiência de cada um, transmitida por gerações e instituições, sempre está contida e é conservada uma experiência alheia. Neste sentido, também a história é desde sempre concebida como conhecimento de experiências alheias (KOSELLECK, 2006: 309).

Em relação à expectativa, Reinhart Koselleck propõe uma conceituação semelhante, pois

> também ela é ao mesmo tempo ligada à pessoa e ao interpessoal, também a expectativa se realiza no hoje, é futuro presente, voltado para o ainda-não, para o não experimentado, para o que apenas pode ser previsto. Esperança e medo, desejo e vontade, a inquietude, mas também a análise racional, a visão receptiva ou a

curiosidade fazem parte da expectativa e a constituem (KOSELLECK, 2006: 310).

A utilização dessas categorias torna-se útil para a compreensão do significado, anteriormente mencionado, como divisor de águas na vida de Celsina Teixeira.

Até a percepção dos primeiros indícios da doença do marido, o seu "espaço de experiência" foi todo um conjunto de relações sociais vividas, recebidas, elaboradas e transmitidas durante seus percursos, permanências e vivências na família, na cidade e nas fazendas.

Parafraseando Koselleck (2006: 311), até aquele momento, mais precisamente até meados de 1916, as experiências provenientes do passado vividas por Celsina Teixeira formaram "um todo em que muitos estratos de tempos anteriores" (dos diversos sujeitos históricos do seu e de outros tempos, direta e indiretamente ligados a ela) "estão simultaneamente presentes, sem que haja referência a um antes e um depois".

Analisando comparativamente, na trajetória de Celsina, seus modos de proceder pós-1916, de certo modo nada surpreendem em relação às do período anterior de sua vida. Tanto o primeiro quanto o segundo períodos são ricos em ações, em práticas, que revelam improvisações constantes no devir quotidiano. No entanto, vista dessa maneira, sua trajetória não revela tensões agudizadas, a partir de novas escolhas e novas ações.

Em outros termos, a partir da constatação da doença do marido, a expectativa dela girou em torno da cura, de modo a retomar a lida na rotina do ir e vir entre a cidade e a fazenda. Assim, suas ações mais imediatas, como assunção "oficial" dos negócios, por exemplo, foram projetadas para o vislumbre da cura iminente.

Após algumas idas e vindas entre a capital e Caetité, houve a constatação da gravidade da doença, e a impossibilidade da cura abriu diante de Celsina Teixeira um novo "horizonte de expectativas", um "novo espaço de experiências" possíveis (não previsíveis), porém mais tensionado pelas normas e pelas práticas concretas.

Nesta linha, recorrendo novamente às pistas deixadas por Celsina, convém citar a "tabela geral das receitas e despesas do ano de 1916" e compará-la com a do ano anterior, de modo a investigar como todo um acúmulo de experiências foi projetado naquele presente vivido por ela.

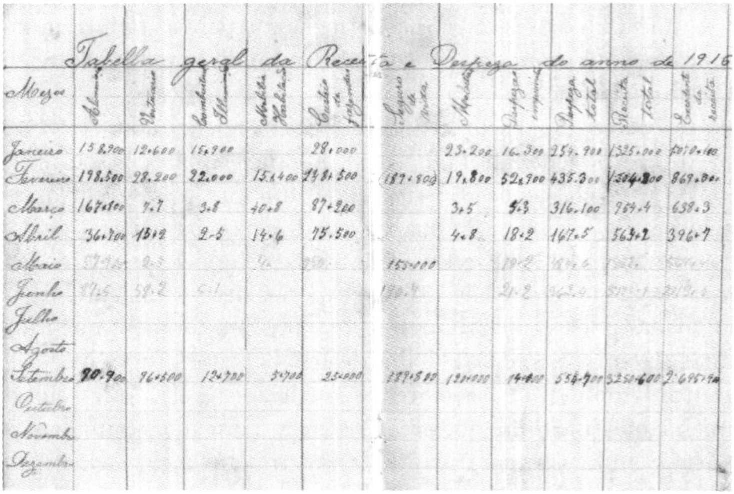

Imagem 17: Tabela 3– receita e despesa do ano de 1916.

A primeira característica a ser destacada nessa tabela é a sua incompletude. Contudo, antes de significar descontrole orçamentário, a análise desse fato deve vir acompanhada pelo momento vivido por Celsina e por outros elementos, que estão presentes neste e em outros documentos. A intencionalidade da construção de tabelas de gastos é um indicativo da necessidade de Celsina de realizar o controle de despesas da família.

Na comparação entre as tabelas das figuras 2 e 3, não basta apenas salientar as diferenças quanto ao número de colunas; neste ponto é preciso investigar qual a destinação do recurso orçamentário para cada novo campo presente no documento.

Portanto, a tabela de 1916 apresenta da esquerda para a direita, as seguintes colunas: "meses", "alimentação", "vestuário", "combustível / iluminação", "mobília / habitação", "custeio de fazendas",

Mulheres e poder no Alto Sertão da Bahia 161

"seguro de vida", "moléstias", "despesas imprevistas", "despesa total", "receita total" e "excedente de receita".

Além de separar os registros de gastos com a manutenção da casa em campos específicos, como "combustível / iluminação" e "mobília / habitação", houve a distinção dos custos reservados às fazendas e para o seguro de vida. No entanto, é notória a especificação do custeio destinado às moléstias, em separado do campo das despesas imprevistas.

Ao distinguir esses recursos, principalmente os relacionados às perspectivas mais imediatas para o futuro próximo, como seguro de vida e moléstias, Celsina Teixeira trouxe novamente à tona maneiras próprias de administrar as finanças familiares. Diferente do ano de 1915, quando a previsibilidade orçamentária esteve mais relacionada ao custo de vida do período, o ano de 1916 apresentou-se acrescido de um elemento novo e que foi se tornando constante ao passar dos meses.

Como foi observado anteriormente, entre a constatação do problema e a impossibilidade de resolvê-lo, houve a expectativa e as providências objetivando a cura, que foram se esvaindo com o passar do tempo. Porém, vale lembrar que previsibilidade orçamentária, com destinação de recursos específicos para determinado fim, está aqui sendo analisada enquanto adequação frente a novas dificuldades, agora não apenas conjunturais (sociais e econômicas), mas pessoais.

É plausível imaginar a interrupção da descrição dos gastos de 1916 como estritamente relacionada às necessidades de adaptação diante da nova situação e às viagens para Salvador com vistas à cura da doença. No acervo de cartas de Celsina e Juca consta que a troca de missivas entre ambos foi interrompida em fevereiro daquele ano. Todavia, a correspondência transcrita abaixo, enviada por Celsina ao pai, revela indícios de que a primeira viagem para a capital do estado ocorreu apenas no mês de agosto.

> Caetité, 15 de agosto de 1916
>
> Papae
>
> Desejo que Vmce e todos dahi gosem saúde, paz e tranquilidade.

Vamos gosando regular saúde.

Juca continua no mesmo que Vmce deixou.

Todos lembram a viagem delle à Bahia ou ao Rio, o que também acho conveniente, apezar de ter pouca esperança; em todo caso evito uma responsabilidade futura, caso elle seja atacado das outras faculdades, o que Deus não permitta.

Parece que a cada dia augmenta o esquecimento e a passividade.

Se resolver a viagem e vmce for de acordo, tenciono ir quando o Tio Rogociano estiver lá.

O Licurgo insiste no direito ás dívidas, cujos nomes elle menciona, sendo cinco os devedores, so não tendo pago destes, o professor Camillo, de maneira que tem que se abater na conta delle 200 e tantos mil réis. Lembra também uma égua que Juca comprou em mão delle.

Diz elle que estas dividas foram rejeitadas por Juca, na occasião de balanço, como duvidosas.

Realisou-se o casamento de Antonio, no sábado, havendo três dias de festa, que correu muito animada e em ordem.

Mamãe foi com as meninas no primeiro e segundo dia.

O portador desta é o Chicão, que vae buscar umas vacas que o José Honário comprou.

O encarregado dos Campos quer sahir, o José Honório indicou-me um que foi vaqueiro de D. Augusta 20 annos, dando as melhores informações. Escrevi a D. Augusta sabendo.

Nossas lembranças a todos.

Edvaldo pede a benção e assim a filha muito am[a]

Celsina[24]

---

24 Celsina. *Carta para Deocleciano Teixeira (Papai)*. Caetité, 15 de agosto de 1916. APMC, Grupo: Deocleciano Pires Teixeira, Série: correspondências, caixa 4,

Apesar de ter sido escrita em Caetité, a carta revela as pretensões de Celsina de seguir para Salvador, o que de fato ocorreu, pois 14 dias depois, uma outra missiva, desta vez destinada para a mãe, foi enviada daquela localidade.

> Bª 29 – 8 – 916
>
> Mamãe
>
> Com grande prazer recebi vossa cartinha do corrente, estimando saber que estavam todos com saúde, e fazendo ardentes votos para que assim continuem.
>
> Vamos indo bem, graças a Deus.
>
> *Juca vae indo no mesmo que ahi; tem melhorado mais do incommodo da garganta, que tem vindo, mas não fica tantas horas seguidas; porque se distrae mais.*
>
> *Passa a maior parte do tempo na janella, appreciando o movimento.*
>
> *Já tomou o primeiro receituário do Dr Alexandre, que desde sábado promete vir dar a injecção de 914, que já comprei a quarta dose por 18$000. Não sei se elle está com receio de dar a injecção, porque todos os dias manda-se falar no telefonio, perguntando se vem, e elle promette vir, mas sempre faltando. Vamos ver hoje se elle ainda falta. Elle tem animado muito; e já disse que a cura é difficil, mas que não acha impossível.*
>
> O Paulo Lima ainda conversa bem, sabe de tudo, quase não se nota esquecimento; não pode é ler, tem a fala um pouco arrastada; devido a queda da língua; o Pinto de Carvalho desanima muito e diz que não há cura, e a família, (o que é de se admirar) está afflicta que elle vá-se embora; os irmãos já disseram a Ottilia que ella fosse para o Ceará, por que aqui a Madrª Sisenanda

---

maço 1, nº. 2196 (grifos meus).

está velha e não pode; que as meninas também não podem e que elles também podem não ficar aqui, e que o verdadeiro é procurar a sogra.

Ottilia chorou muito, porém, está resolvida a seguir agora em setembro, dizendo que não tem mais esperança de voltar. Acho que tudo isso foi instigado por Madrᵃ Sisenanda. São de uma franqueza cruel, e de uma indiscrição terrível. O Colombo me disse que, como médico (do que elle tem mto garbo em dizer) que me aconselhava era deixar Juca no Rio de Janeiro, num hospital; eu quis responder-lhe, porém, achei que não valia a pena.

Agora, imagine Ottilia, o que elles não dizem; é lastimando o casamento e falando para que Madrᵃ Sisenanda casa as meninas (…).

Celsina.[25]

Analisar as características do problema de saúde, tal como vem descrito nas correspondências acima, foge às pretensões desse livro. Nesta questão, toda e qualquer dedução permanece apenas no campo das conjecturas.[26]

25 CELSINA. *Carta para Anna Spínola Teixeira (Mamãe)*. Bahia, 29 de agosto de 1916. APMC, Grupo: Anna Spínola Teixeira, Série: correspondências, caixa 1, maço 2, nº. 152 (grifos meus).

26 Conforme correspondência de Celsina para Rogociano, que será transcrita a seguir, não houve um consenso médico sobre o diagnóstico da doença que acometeu Juca. Diversos tipos de tratamentos foram ministrados e um dos médicos consultados identificou a doença como *"menigite syphillitica"*: "(…)Juca aqui chegou a 14 de Abril, muito abatido e magro, do que já vae melhorando. Acho que elle voltou peor, pois, *veio com certos symtomas, que não tinha quando foi como: um incommodo na garganta, que o medico diz ser salivação, manifestando a paralysia, insensibilidade na pele e no paladar; difficuldade em pronunciar as palavras, devido a língua pesada. Não obstante isto, mostra estar prestando mais attenção. Tem reconhecido todos que aqui tem vindo vel-o, porém não se lembra dos nomes. Conserva ainda perfeitos os sentimentos affectivos, tendo mostrado satisfeito e emocionado quando vio a família,*

A pouca esperança da cura revelada por Celsina Teixeira na primeira carta oferece indícios de que tratamentos iniciais foram procurados ainda em Caetité, inclusive com o acompanhamento do pai, cuja formação se deu na área médica. No entanto, realizando todos os esforços que eram possíveis, procurando isentar-se de qualquer culpa ou negligência, Celsina seguiu para Salvador, com intuito de buscar informações e tratamentos mais avançados. Na segunda carta, munida da relativa esperança oferecida pelo médico, Celsina comparou a situação do marido a outro caso semelhante ocorrido na família da prima Ottília. Nestes episódios de características semelhantes, as posturas das duas famílias revelaram-se bastante díspares.

Para Otília, a família dela, além de apresentar recusa diante da possibilidade de auxílio nos cuidados diários necessários, solicitou a viagem para o Ceará, com vistas a "devolver" o problema para a sogra (a mãe do Paulo Lima).

No caso de Celsina, com o objetivo de "evitar qualquer responsabilidade futura", revelou a cobrança da família em sentido contrário, ou seja, nos devidos cuidados ao marido enfermo e isso não apenas durante esse episódio, mas ao longo dos "dez anos e onze meses de martírio."[27]

A partir da identificação de que os tratamentos realizados em Salvador não surtiram efeito, Celsina lançou mão da última alternativa de cura que estava ao seu alcance: organizou a ida de seu marido para o Rio de Janeiro, para que este pudesse ter acesso a outros prognósticos e meios terapêuticos. Devido à necessidade de manter o gerenciamento dos negócios da família, Celsina não pôde acompanhar o marido durante esta viagem e contou com familiares para que estes assumissem os cuidados com Juca, no período em que esta permaneceu em Caetité.

---

cujos nomes não esqueceu, e assim as pessoas que elle sympathisava quando são O Dr. Vampré é de opinião que não se deve fazer nenhum tratamento contra a syphilis, porque tem de peorar, como de facto aconteceu, tanto que elle suspendeu logo o tratamento que havia começado. Diz elle ser uma espécie de menigite syphillitica (...)". CELSINA. *Carta para Rogociano (tio).* Caetité, 9 de maio de 1917. APMC, Grupo: Rogcciano Pires Teixeira, caixa 1, maço 2, n° 210 (grifos meus).

27   Este trecho com aspas será citado novamente e discutido no capítulo seguinte.

O evento da busca da isenção sobre "responsabilidades futuras", narrado na correspondência enviada ao pai, revelou, portanto, o início do liame entre as iniciativas internas e externas de Celsina, cujas discussões serão desenvolvidas na parte 3 deste capítulo.

Ainda em relação às correspondências citadas acima, outro ponto importante a ser discutido diz respeito à manutenção dos negócios do casal. Na primeira carta, há menção a cobranças por negócios realizados pelo marido, cuja resolução dependeu de questões ligadas à legislação do período.

De acordo com Hahner:

> Na lei, como nos costumes, a ideologia da supremacia masculina era prevalente (…). De acordo com a estrutura do sistema de direito civil brasileiro no século XIX, uma extensão das Ordenações Filipinas, as mulheres eram perpetuamente menores (e o Código Civil de 1916 não mudou realmente a questão). Uma mulher casada tinha que se submeter à autoridade do marido nas questões relativas à educação, criação e local de residência dos filhos. A lei negava às mulheres casadas o direito de envolver-se no comércio, de alienar bens imóveis por venda ou doação, e, ainda, de administrar a propriedade sem o consentimento de seus maridos (HAHNER, 2003: 44).

Assim, ciente das determinações legais, no final de 1916, a solução para honrar os compromissos assumidos pelo marido foi apresentada de acordo com os rigores da lei:

> Ilmo e Meretíssimo Sr. Dr. Juiz de Direito
> Diz Celsina Spinola Teixeira Gomes Ladeia, casada com o tenente coronel José Antônio Gomes Ladeia (…)
> *que seu esposo acha-se impossibilitado de administrar os*

bens do casal por ter cahido em profunda e permanente
amnésia em consequência de um mal physico que lenta
e progressivamente, vai dominando o seu organismo e
penetrando os centros nervosos. (...)
E como o estado do enfermo inhibe, ultimamente de
dar deliberação sobe os seus negócios e de legalmente
d'elles encarregar a outrem, resultando d'ahi *grave in-*
convenientes e prejuízos à fazenda e interesses do casal,
vem a Suplicante (...) requerer V. S se digne (...), de-
cretando a interdicção do esposo da Suplicante *e seja*
esta investida na administração do casal (...)[28]

Apesar da aparente frieza da petição, este processo deve ser
analisado ainda no bojo das providências mais imediatas para salvaguardar os negócios, onde assinaturas do "cabeça do casal" foram
necessárias. Mero instrumento jurídico, sua estrutura escamoteia
amplas participações femininas no gerenciamento de finanças, na
compra e venda de bens diversos, no estabelecimento de acordos tácitos realizados no convívio diário, ricos em improvisações e onde a
anuência da lei institucional não se fez necessária.[29]

Concomitante às ações de cunho formal, durante os anos de 1916
e 1917 Celsina movimentou-se de maneira imediata, porém desta vez
sozinha, em direção à assunção dos negócios do casal. Conforme os registros presentes nas correspondências, no âmago das primeiras providências estiveram a contratação do encarregado da fazenda Campos, o
pagamento de dívidas pelas transações comerciais em nome do "cabeça
do casal", e, obviamente, os devidos cuidados necessários para o tratamento de saúde do marido.

---

28 *APEB*, Seção Judiciária, processo de interdição (1916) anexo ao inventário de José
Antônio Gomes Ladeia, auto 8/3571/12 (1924-1944) – grifos meus.

29 A partir da interdição do marido em 1916, foram solicitadas, entre os anos de 1918
e 1925, uma liquidação de caderneta de poupança em favor do filho Edvaldo e seis
autorizações judiciais para compra, venda e transferências de apólices.

Diante das discussões apresentadas até aqui, é plausível afirmar que a partir desse ponto, isto é, passada a redefinição em torno da nova situação de total dependência do marido para com ela, Celsina Teixeira construiu novas direções, novos "horizontes de expectativa" para suas atuações.

A lista de correspondências de Celsina Teixeira evidencia uma considerável rarefação de cartas recebidas entre os períodos de 1918 a 1921. Porém, se a escrita de correspondência pode ser considerada como indício de uma rede de sociabilidade, a diminuição da troca epistolar, por alguns anos, não pode ser analisada como perda dos vínculos construídos até aquele momento. Em outro sentido, a diminuição de missivas deve ser creditada a uma ampliação da participação no cenário citadino. Os cuidados constantes direcionados ao marido implicaram em necessidade de maior tempo de permanência na cidade e, de acordo com as discussões já realizadas, Celsina Teixeira possuía ampla visão sobre o contexto econômico e social em que vivia.

No segundo capítulo, foram discutidos aspectos relacionados ao tempo disponível para a escrita de correspondência. Diversas atividades femininas puderam ser percebidas também através da observação do hiato existente entre receber e escrever cartas.

Portanto, na presente discussão, a rarefação de correspondência durante o período mencionado pode ser inserida no âmbito do pouco tempo disponível para aquela atividade, visto que ocorreu uma ampliação da inserção de Celsina Teixeira no contexto citadino, com a fundação da Associação das Senhoras de Caridade (ASC), em 1919.

Esta entidade beneficente, idealizada e presidida durante várias gestões por Celsina Teixeira, foi fundada por um grupo de senhoras da elite caetiteense. O contexto de sua fundação deve ser analisado não apenas em consonância com as condições sociais e econômicas do período, mas, sobretudo, associado à criação de outras entidades em diversos locais pelo Brasil.

Segundo Maria Lúcia Mott, a "participação das mulheres de elite nas entidades filantrópicas" é reconhecida pela historiografia brasileira como importante "forma de acesso à esfera pública". No entanto, de acordo com a crítica da historiadora, geralmente o tema vem associado a uma forma das mulheres combaterem a existência tediosa e inútil, exercitarem os talentos e despenderem as energias ou como um subterfúgio para adquirirem responsabilidade fora do lar. Analisa essa participação feminina como sendo secundária, subalterna, voltada, sobretudo, para o levantamento de fundos através de festas mundanas e considera a criação e a direção das entidades, bem como as propostas norteadoras, ditadas pelos interesses masculinos e de classe. Vê a participação das mulheres como uma forma de auxiliarem na projeção social e profissional de seus maridos (MOTT, 2001: 201).

As abordagens realizadas nas fontes permitem afirmar que, dadas as características econômicas e sociais específicas da região de Caetité, a crítica tecida por Mott encontra ressonância quando se observa a trajetória de algumas mulheres da elite local. Neste sentido, creditar à atividade filantrópica o acesso à esfera pública, no contexto caetiteense, é minimizar a participação feminina em amplos setores da vida social. Inserções femininas, vistas até agora mediante abordagem em documentos de cunho predominantemente privado, ganham outros matizes pela observância de registros oficiais, como as atas de reunião e jornais, por exemplo. É possível afirmar, portanto, que a visibilidade das ações femininas e atuação política, registradas na documentação oficial, a partir da criação da ASC, não abarca a multiplicidade de ações públicas registradas na documentação privada do período anterior.

Além disso, sem incorrer em exageros, o ir e vir de Celsina Teixeira entre a cidade e a fazenda, amplamente registrado nas correspondências, pode também ser estendido para outras senhoras proprietárias de terras e pertencentes à elite local. Neste ponto, não importa determinar o local fixo de residência, mas sim o deslocamento em si, a fluidez de pessoas, mercadorias, cartas etc.

Estes constantes deslocamentos pelo meio social, observados para o o caso de Celsina Teixeira, vai ao encontro das análises propostas por

Mott, no que tange à biografia de Maria Rennotte (1842-1952). Na trajetória desta personagem, Mott observou dois tipos de comportamento: "mobilidade espacial e capacidade e desejo de intervir na realidade social". Segundo esta historiadora:

> O crescente número de pesquisas realizadas nas últimas décadas possibilita afirmar que tais atitudes eram menos raras ou excepcionais na virada do século XIX e início do século XX, do que se acreditava até bem recentemente, apesar do valor social atribuído à vida doméstica e familiar para o sexo feminino, e das inúmeras estratégias de cerceamento utilizadas para restringir a atuação pública das mulheres (MOTT, 2005: 44).

De acordo com a riqueza de informações presentes nas cartas e nos demais documentos pesquisados, pode-se afirmar que as cenas quotidianas aí registradas, na cidade, nas fazendas, na mobilidade pelo meio social e na observação da realidade vivida estiveram recheadas de ações políticas e não podem ser pensadas como restritas aos limites do ambiente privado.

Nas palavras de Raymond Williams:

> Sempre que penso nas relações entre campo e cidade, e entre berço e instrução, constato que se trata de uma história ativa e contínua: as relações não são apenas de ideias e experiências, mas também de aluguéis e juros, situação e poder – um sistema mais amplo (...)
> A vida do campo e da cidade é móvel e presente: move-se ao longo do tempo, através da história de uma família e um povo; move-se em sentimento e ideias,

através de uma rede de relacionamentos e decisões (WILLIAMS,1989: 19).

Por isso, nesta rede de relações, é possível observar "um sistema mais amplo", onde a participação feminina se fez presente em diversos setores do tecido social. Ao fundarem a Associação de Caridade, aquelas mulheres realizaram reuniões com a Intendência Municipal e "entraram" para o rol da oficialidade histórica ao terem seus nomes registrados nas atas e ofícios. Porém, a publicidade de ações presentes nos registros oficiais tem que ser acrescida de participações anteriores existentes no caminhar pela cidade, antes e depois da missa, nas festas religiosas e nos diversos movimentos pelo cenário social.

Desta forma, a filantropia deve ser pensada como parte integrante das relações sociais estabelecidas pelas mulheres da elite caetiteense. Em outros termos, incluir essa atividade como alternativa de "fuga à clausura", "existência inútil e tediosa", como "ditada pelos interesses masculinos", entre outros, é negar a autonomia de decisões, os poderes, os deslocamentos, as tensões existentes porta a fora e advindas das atuações daquele segmento social.

Da mesma maneira, Celsina Teixeira e demais mulheres fundadoras da Associação das Senhoras de Caridade (A.S.C.), ao caminharem pela cidade, estiveram atentas às demandas do seu contexto social, porém, como parte integrante de uma elite local, imprimiram sobre suas ações marcas das necessidades do seu grupo frente às mazelas citadinas.

> Caetité, 7 de Maio de 1924
>
> Mario:
>
> A reforma visa apenas o bem espiritual da Associação, que não poderia ir adiante sem o cunho religioso. Além disso, *nós, as católicas só trabalharíamos na Associação, se a ideia fosse avante, pois acreditamos, que para Deus, não tinha nenhum valor, todo o bem que a Associação fizesse. Era uma falsa caridade.* Você não pode compreender o alcance da

> reforma, porque não tem a mesma fé, e é por isto
> que vem com opiniões tão errôneas, de acordo mes-
> mo com o seu modo de pensar.
> Creio que muito breve teremos o prazer de ver a
> Associação como a sonhamos...
> Celsina.[30]

O conflito registrado na correspondência relacionou-se à reforma dos estatutos da ASC, ocorrida em 1924. O intento da reforma, liderada por Celsina Teixeira, visou a transformação da entidade numa institui-ção de cunho religioso, voltada para a assistência indistinta de mendigos e desvalidos (idosos e crianças). O conflito com o irmão ocorreu porque este, imbuído por um sentimento mais utilitarista, desejava que o obje-tivo da obra caritativa cercasse apenas os cuidados com as crianças para garantir o futuro da cidade.

A luta contra a "falsa caridade", mencionada por Celsina Teixeira, em cujos intentos também estiveram as demais católicas da Associação, vai ao encontro da análise realizada por Leite em Salvador. Segundo essa a historiadora:

> Seja como projeto particular ou coletivo, as obras de caridade se apresentavam, principalmente aos cató-licos, em primeiro lugar, como uma forma de justiça social e, em segundo, como uma sublimação espiritual (LEITE, 1997: 114).

No âmbito dessa discussão, a crise econômica e social instalada na região, nos anos finais do XIX e nas primeiras décadas do século XX, provocou um aumento da população residente nas cidades. Segundo Santos, essa população, formada por

---

30 CELSINA. *Carta para Mário Teixeira.* Caetité, 7 de maio de 1924. APMC, Grupo: Celsina Teixeira; Série: Correspondências, caixa 1, maço 1, nº. 61 (grifos meus).

migrantes em busca de melhores condições de vida, ex-escravos oriundos das lavouras de subsistência (…), conduziam a esperança da oportunidade de trabalho e de moradia longe das agruras da seca e do estiolamento das roças dos sertões baianos (SANTOS, 2001: 42-43).

A presença avultada de "mendigos" e "vadios" em Caetité, nas primeiras décadas da República, era incompatível com os ditames do progresso para a cidade moderna, então em voga no período. Assim, de acordo com Santos;

> A imagem construída em torno da periculosidade das "classes pobres" não se restringia ao medo da ameaça de uma desordem social. As precárias condições de salubridade, que os segmentos pobres viviam, difundiam a ideia, entre as elites, dos riscos que estes segmentos representavam uma perda de controle das epidemias características do final do século XIX e início do século XX, como a febre amarela, a varíola e a tuberculose (SANTOS, 2001: 48).

Desta forma, a criação da A.S.C. esteve na esteira desse pensamento, visto que sua criação foi bem recebida por setores da elite caetiteense:

> Um asylo de medicidade, no Alto Sertão da Bahia, é uma das medidas mais inadiáveis para o socorro da extraordinária pobreza, de toda sua população. Não é caro espetáculo de pobres ou doentes morrem à mingua de qualquer cuidado. A Associação das senhoras da caridade resolveu prover a esta necessidade. Para

isso não recuará diante de obstáculos, com a confiança quem de vai fazer uma obra abençoada por Deus.[31]

Diante desta aceitação, a criação da entidade não pode ser dissociada de um projeto político encabeçado por Celsina e com a participação de outras mulheres da família Teixeira.[32]

Contudo, a despeito da necessidade de controle sobre as "classes pobres", não é possível negar a presença de sentimentos altruístas na fundação da entidade. Sobre a atividade filantrópica em Salvador, no início do século XX, Leite observou que:

> Imbuídas deste sentimento, as mulheres dos setores intermediários e abastados da sociedade pensaram a realidade e os problemas das suas congêneres humildes, ao tempo em que refletiam sobre o seu lugar e o seu papel na sociedade (LEITE, 1997: 135).

Segundo a mesma autora, a criação dessas entidades em Salvador fez parte de um contexto

> onde se desenvolveram as reflexões feministas entre os grupos de mulheres atuantes nas campanhas filantrópicas. Mesmo considerando os limites deste feminismo, ainda muito superficial e atrelado ao conservadorismo cristão, ele foi a base para a organização do movimento, a partir da década de trinta na Bahia (LEITE, 1997: 135).

---

31   Jornal *A Penna*, ano XV, n. 399, 28/10/1926.

32   No livro de "lançamento dos actos e boas obras da Associação das Senhoras da Caridade", fl. 2, consta que no dia 19 de janeiro de 1919, foram eleitas: presidente: *Celsina S. Teixeira Gomes Ladeia*; Vice-presidente: *Anna S. Teixeira*; 1ª Secretária: *Hersília S. Teixeira*; 2ª Secretária: Ana Cândida Antunes; Tesoureira: *Alzira S. Teixeira Rodrigues Lima* (grifos meus).

No caso específico de Caetité não é possível afirmar que a criação da A.S.C. esteve inserida nesse mesmo contexto. Apenas uma análise minuciosa dos estatutos da entidade poderia revelar questões relativas ao surgimento de um feminismo incipiente na cidade. Nesta pesquisa, devido ao recorte de análise proposto, não se objetiva esquadrinhar as ações da Associação, propõe-se aqui analisar a A.S.C. como um dos âmbitos de ação de Celsina Teixeira.

Registra-se apenas que Celsina Teixeira, ainda antes do casamento, fixou residência por um ano em Salvador (1908). É plausível que nesta ocasião, entre visitas a parentes e passeios pela capital, tenha entrado em contato com pessoas inseridas em atividades beneficentes. Vale frisar que a entidade fundada por ela em Caetité, possuía uma congênere naquela localidade, cuja fundação data de 1854.[33]

Interessa, sobretudo, analisar conflitos provenientes da ambiguidade vivida por Celsina Teixeira à frente da A.S.C. A presença constante na instituição, além de não a isentar dos cuidados necessários com a renda familiar e, sobretudo, com o marido enfermo, intensificou a necessidade de distribuir melhor o seu tempo para manter tudo a contento:

> Caetité, 8 de Agosto de 1923.
>
> Bondôso tio Rogociano:
>
> Edwaldo continua cursando o 1º anno no Collegio dos Jesuítas, onde o ensino é muito pratico e elle tem aproveitado. Para o anno, elle já queria seguir para a Bahia, porém, ainda está pequeno e é pouco desenvolvido e

---

33 Leite afirma que a Associação das Senhoras da Caridade, de Salvador, "se firmou com grande respaldo perante a comunidade. Sendo formado por senhoras de boas famílias, a associação tinha nos seus estatutos um programa amplo de filantropia social. O seu objetivo geral era assistir aos pobres indistintamente. A organização, porém, tinha diretrizes concretas a executar: a visita aos doentes pobres nos seus próprios domicílios, uma sala de trabalhos para as meninas e moças pobres e uma casa de orfandade"(1997: 115). Nos pontos estatutários levantados por Leite é possível perceber algumas semelhanças com os estatutos da Associação de Caetité, sobretudo em relação à visitação aos pobres nos seus domicílios.

assim não convem ir, principalmente podendo cursar o 2º anno aqui.

Está aprendendo os princípios de musica, não tendo começado ainda o violino.[34]

Caetité, 6 de março de 1924.

Alzira

(...) Mário diz na carta que eu *estou com preguiça*, que não tenho tempo porque estou tratando de Juca, que a Ass [Associação] é para os de boa vontade ou que *saibam distribuir o tempo!*

São opiniões!! O que é certo é que mais do que nunca sinto a necessidade de trabalhar pela Associação, mas como confio que "tudo podemos com a graça de Deus", não desanimo.[35]

Caetité, 19 de novembro de 1924.

Jayme

(...) As minhas despesas vão aumentando sempre e estou a lembrar um meio de aumentar as rendas. Lembrei-me de aproveitar a Santa Bárbara, pondo meeiros e o noivo de Cristina como administrador. Enfim são planos, que dependem ainda de deliberação e vontade de muita gente. Com a alta do gado, espero entretanto fazer alguma coisa para o ano (...).[36]

---

34 CELSINA. *Carta para Rogociano*. Caetité, 8 de Agosto de 1923. APMC, Grupo: Rogociano Pires Teixeira, Série: Correspondências, caixa 1, maço 1, nº. 83.

35 CELSINA. *Carta para Alzira*. Caetité, 6 de março de 1924. APMC, Grupo: Celsina Teixeira; Série: Correspondências, caixa 1, maço 1, nº. 13 (grifos meus).

36 CELSINA. *Carta para Jayme*. Caetité, 19 de novembro de 1924. APMC, Grupo: Celsina Teixeira; Série: Correspondências, caixa1, maço 1, nº. 62.

7 – 2 – 926

Sr Jesuíno

(…) acabo de saber que o Sr. está consentindo que um tal Senhor que anda comprando porcos, pusesse os mesmos dentro da manga, que já está toda fuçada e até arrebentando as cercas.

Isto é o cúmulo do que se chama desleixo com as coisas alheias! Dando prejuízo as fazendas para ser agradável a um sujeito que o Sr. nunca viu tão gordo (…)

E com estas, ainda quer o senhor que eu confie na sua administração!

Da Patroa

Celsina T. Ladeia.[37]

Como é característico das práticas quotidianas a imprevisibilidade e a variabilidade de ações, é certo que Celsina Teixeira desenvolvesse atividade em múltiplas áreas. Destas múltiplas atividades é possível captar, através da análise das correspondências, indícios de quatro principais áreas da atuação de Celsina: os cuidados com o marido enfermo e o filho Edvaldo,[38] a atividade beneficente, a necessidade de gerar renda através de negócios diversos,[39] e a administração das fazendas.

Em cada área as tensões estiveram na ordem do dia, contudo, a construção histórica imposta pela prescrição dos papéis determinou o ambiente doméstico como o ponto irradiador de suas ações. O olhar desconfiado da norma foi sempre no sentido de atrelar o ambiente externo à eficiência do interno.

---

37 CELSINA. *Carta para Jesuíno Batista*. APMC, Grupo: Celsina Teixeira Ladeia, Série: correspondências, caixa 1, maço 1, nº. 89(grifos meus).

38 Apesar da relutância indicada na correspondência, Celsina acabou consentido a viagem do filho para estudar no Colégio Padre Antônio Vieira, de Salvador, no regime de internato.

39 O conteúdo da carta sobre a necessidade de aumentar a renda traz também informações sobre a liquidação de apólices da "Sul América".

Mesmo tendo sido educada, assim como as demais mulheres do seu grupo social, para determinados papéis prescritos socialmente para o sexo feminino, suas ações, quando vistas nas entrelinhas dos documentos e contrapostas com outras fontes, trouxeram à tona parcelas significativas de poder em constante disputa dentro e fora do ambiente doméstico.

Como um reflexo do modo como distribuía o seu tempo, Celsina Teixeira foi adquirindo uma centralidade cada vez maior no seio da família original, entrando em constantes conflitos com alguns irmãos a respeito dos mais variados assuntos, tais como o caráter da Associação (laico ou religioso), política, terras e escolhas pessoais de alguns membros.[40]

À distância, ou buscando informações de outras pessoas, tomava conhecimento sobre as atividades nas fazendas e providenciava maneiras de manter sob controle algumas posturas desviantes de seus empregados, elaborando, neste sentido, uma espécie de estatuto para regular a utilização das benfeitorias e equipamentos de suas propriedades.

De acordo com este estatuto, redigido na década de 1940, as determinações de Celsina Teixeira foram assim elaboradas:

> Todos os retiros da Fazenda Campos, inclusive os do Poço do Saco, na Fazenda Água Verde, ficam sujeitos à fiscalização do encarregado da fazenda dos Campos, que providenciará a mudança de curraleiros, conforme a conveniência para a fazenda. Nenhum agregado curraleiro mandará no gado que amansa, prestando conta de bezerros, que só serão ferrados com a presença do encarregado da fazenda Campos. O agregado curraleiro tem apenas direito ao leite, para amansar os burros. Quando estes bezerros excederem de 30, darão um quarto dos requeijões à fazenda. *Ficam revogadas as disposições em contrário.* Caetité, 5 de maio de 1944. Celsina

---

40 O principal conflito que marcou a interferência de Celsina Teixeira nas escolhas pessoais de alguns irmãos ocorreu quando Tilinha optou pelo noviciado. Nesta ocasião, Celsina apoiou a decisão da irmã e se indispôs veementemente com a mãe.

> Teixeira Ladeia Proprietária da Fazenda dos Campos e
> retiro do Poço do Saco na Fazenda Água Verde.[41]

Visto de outro modo, exatamente naquele liame que residiu a tática de movimentação de Celsina Teixeira, ou seja, invertendo o olhar foi possível perceber nuances ricas em autonomia, cujo aspecto principal foi o de determinar suas próprias atitudes dentro de um contexto de expectativas possíveis.

A discussão agora deve frisar outros elementos relacionados ao modo de se observar a atuação feminina, tais como as omissões presentes na escrita de correspondências. Tudo isso permeado pela trajetória percorrida por Celsina Teixeira durante o longo período de agravamento da saúde do marido, frisando as crises pessoais advindas com a morte dele, ocorrida em 1926 e com o adoecimento dela no ano seguinte.

---

41   APMC, Grupo: Celsina Teixeira Ladeia, Documento avulso, caixa 1, maço 1 (grifos meus).

Parte III - Omissões voluntárias da escrita feminina

"Recordo-me de toda minha vida e fico a fazer ligações com o presente!..."

Caetité, 13 de Maio de 1927.

Minha bôa e querida Tilinha.

Peço a Deus que esta lhe encontre gosando a melhor saúde e paz de espírito em N. Senhor.

Muito lhe agradeço as orações que tem feito por mim e as palavras de consolação que me dirigio. Recebi as orações que V. a bondosa Amiga Sra. Maria do I. Coração me mandaram, as quais já reparti com diversas pessoas. Peço lhe e a todas as bôas Irmãs que não se esqueçam de minhas intenções em suas boas e valiosas orações.

Com o mesmo, fiquei numa indecisão e com tanto temor que não sei o que faço! Penso ter offendido muito ao bom Deus. De tudo scismo, das menores cousas! Tem horas que sinto um desanimo!... Parece que me falta tudo... Ao mesmo tempo a cabeça pesa muito! Tem horas que sinto arrepios!... a principio acharam a minha moléstia

> *parecida com a sua; mas penso que a sua foi mais rápida! Recordo-me de toda minha vida e fico a fazer ligações com o presente!...*
> Edvaldo depois que chegou à Bahia, sentio-se adoentado, queixando-se dos mesmos incommodos! Na ultima carta, queixou-se de indisposição.
> Nesta carta, elle contava a semana santa que houve no Collegio e fallava da morte do bondoso Pe. Santos! Temos o consolo que elle está no céo recebendo o premio de uma vida toda consagrada á Gloria de Deus e salvação das almas. Recebi a photographia de D. Leila, que foi uma santa! Já li alguns trechos de sua vida!
> Adeus, querida irmã, abraço a com saudades e carinho fraternal
> A irmã mto. amª in Corde Jesus
> Celsina
> Deus seja bendito.[1]

O desafio proposto por esta correspondência em especial é tentar interpretá-la à luz de uma série de questões, que marcaram a vida de Celsina Teixeira até aquele presente momento. Quais lembranças vêm à tona ao invocar "todo" um passado recente? Quais angústias estão implícitas nas cismas sentidas por ela? Como as ligações entre passado e presente são estabelecidas? Quais os pontos de partida e chegada destas lembranças? Quais as tensões no contexto familiar ali implícitas, sobretudo a partir das omissões presentes no texto?

Em tom retrospectivo e autoreflexivo, ela busca no passado explicações para angústias e dramas vividos no presente. Estas balizas, a delinear a sequência de correspondências que denotam maiores sofrimentos são entremeadas pelos fatos ocorridos durante o biênio 1926,

---

1 CELSINA. *Carta para Tilinha.* Caetité, 13, de maio de 1927. APMC, Grupo: Celsina Teixeira, Série: correspondências pessoais, caixa 1, maço 1, nº. 11.

ano marcado pelo agravamento da saúde e morte do marido, e 1927, período em que ela adoece por consequência de "incômodos nervosos". Para realizar o exercício de interpretação, convém percorrer caminhos através de outras pistas deixadas por ela, isto é, partir daquele presente em direção ao passado "mal" registrado nas correspondências. De maneira direta e indireta, visto que o acervo é composto por correspondências recebidas e enviadas por Celsina Teixeira, este exercício torna-se válido pela possibilidade de ampliar relações sociais e experiências vividas pelos personagens envolvidos.

O primeiro passo para o entendimento de como se processa a ligação presente-passado direciona-se ao entendimento da própria realidade vivida. Sobre este aspecto, Maluf afirma que:

> o modo como se dá a mediação entre presente e passado feita pela memória depende da situação e condição do sujeito memorizador, assim como de suas ideias e percepções no momento da lembrança. São estas circunstâncias que definem a significação que ele vai atribuindo às experiências vividas (MALUF,1995: 83).

Apesar da aparente gravidade da doença vivida por Celsina Teixeira, não é exatamente esta condição, salientada por Maluf, que determina a maneira como ela realiza suas lembranças. No trecho em destaque aparecem elementos sugestivos que remetem à culpa, ofensa a Deus e castigo, indícios de um momento de catarse revelado apenas para pessoas mais próximas e com as quais, pactos epistolares foram estabelecidos previamente. O ápice do trecho e talvez a chave de suas lembranças está implícita na frase "*recordo-me de toda minha vida e fico a fazer ligações com o presente!...*"

No entanto, logo em seguida, ocorre um corte abrupto, um fechamento mesmo para o cúmplice da relação epistolar, caracterizado pela omissão voluntária através da reticência e pela sequência do relato sobre o filho. Sobre este tipo de omissão, Rago sugere que

> a escritura memorialística [as correspondências por exemplo] é permeada por um jogo complexo entre a expressão intimista dos modos de sentir e de pensar e um certo ocultamento, segredo ou velamento dessas mesmas ideias e sentimentos, ainda que sejam coletivos (RAGO, 2007: 47).

Desta forma, para ir além da omissão voluntária, para "ir além do que foi lembrado," (MALUF, 1995: 45) porém não escrito, talvez seja necessário, pela própria característica da documentação disponível, restabelecer situações relacionais, onde um "indivíduo só existe em função do outro, para quem se enuncia uma fala e de quem se aguarda uma resposta" (VENÂNCIO, 2004: 113). Inicialmente o interesse da presente análise estará centrado na enunciação da fala, ou seja, das palavras escritas (e também omitidas) por Celsina na correspondência acima citada. A discussão em torno das respostas estará na segunda parte desta seção.

Segundo Certeau (1994), no ato de escrever o autor estabelece inicialmente relações entre ele, sua exterioridade vivida e a página em branco. Certeau, ao definir em que consiste esta atividade, aponta que ela ocorre com a junção de três elementos. Para este autor, o primeiro elemento é a página em branco:

> um espaço próprio circunscreve um lugar de produção para o sujeito. Trata-se de um lugar desenfeitiçado das ambiguidades do mundo. Estabelece o afastamento e a distância de um sujeito em relação a uma área de atividades (CERTEAU, 1994: 225).

A adequação da ideia proposta por Certeau em torno da relação epistolar parece bastante apropriada neste momento. Antes de estabelecer uma relação com seu signatário, mediante a carta pronta e acabada, Celsina Teixeira estabelece relação com a página em branco à sua frente, cuja função passa a ser a de aproximar não apenas do destinatário, mas sobretudo dela mesma. Quando se analisa os diversos rastros deixados em variados papéis (cartas, cadernetas de receitas e despesas com nítidas anotações sobre pagamentos a empregados, recibos, atas de reunião e relatórios da Associação das Senhoras de Caridade, fotografias etc), é perfeitamente possível imaginar a amplitude de suas atuações nos diversos âmbitos do convívio familiar e citadino. Difícil, contudo, é perceber mediante tamanho acervo e tamanha gama de atuações como as que foram vistas nessa pesquisa, momentos de isolamento, de autorreflexão, de afastamento em relação aos outros.

Como foi discutido no segundo capítulo, a despeito das dificuldades de transporte e comunicação, o hiato temporal existente entre receber e responder cartas é estabelecido em virtude de uma série de atividades nas quais Celsina Teixeira e demais mulheres do seu grupo social estiveram envolvidas.

A escrita epistolar, mesmo sendo parte integrante de um conjunto de atividades, acabou naquele contexto tornando-se um apêndice das atuações femininas. Neste ponto, não é o número de missivas escritas ao longo dos anos que importa, visto que elas são apenas fragmentos de uma trajetória, mas sim as entrelinhas, a maneira como foram elaboradas, as circunstâncias da escrita.

É salutar entrever trechos de suas cartas que dizem respeito a ela mesma: "estou sem tempo para escrevê-la", "estou com pressa", "vida trabalhosa". Por isso a dificuldade de perceber, na atuação feminina daquela família, momentos de isolamento e autorreflexão ininterruptos e duradouros: "Edvaldo, que acordou agora, está aqui me aborrecendo muito, tanto que não posso continuar".[2]

Corrobora para esta discussão a maneira como foi construída a dinâmica familiar na ocupação do espaço doméstico. Em recente estudo, a historiadora Vânia Carvalho analisa a maneira de apropriação da territorialidade doméstica pela figura feminina. Segundo esta pesquisadora,

> a integração do corpo feminino com objetos domésticos tem como característica principal a

---

2   Celsina. *Carta para Juca*. Caetité, 18 de Setembro de 1914. APMC, Grupo: José Antonio Gomes Ladeia, Série: correspondências, caixa 1, maço 1, nº. 83.

inespecificidade. Isso quer dizer que ela não diz respeito somente a objetos retoricamente femininos, mas está presente de forma difusa por toda a casa. Trata-se de uma direção centrífuga da ação feminina (CARVALHO, 2008: 68).

Em relação à Celsina Teixeira, antes e após seu casamento, a "direção centrífuga" de sua ação é facilmente percebida em vários aspectos, como na participação na educação dos irmãos mais novos; no controle minucioso das despesas domésticas; no controle de gastos com pagamentos e dias trabalhados pelas empregadas Benta (aguadeira), Rita (gomadeira), Durvalina (cozinheira) etc., cujas discussões mais específicas foram realizadas no capítulo anterior.

Suas direções podem ser vistas também na maneira de organizar o espaço doméstico: "Vae a carta e apólice da 'Sul-América', que guardarás na gaveta do lavatório, logo que puderes";[3] na participação bastante ativa dos negócios familiares em parceria com o marido: "O Chicão, que aqui está, quer comprar o nosso [gado], porém, não vendi; por não me inspirar confiança";[4] nas opiniões tecidas quanto às escolhas pessoais de Anísio e Tilinha; na direção dos negócios nas fazendas; e na presidência da Associação das Senhoras da Caridade.

Esta difusão da figura feminina pelos espaços da casa e da rua remete também ao ato da escrita epistolar propriamente dita, além da presença de um maior número de pessoas nas cartas femininas em relação às masculinas, "qualquer peça – quarto, sala de jantar, pequeno gabinete, biblioteca – pode tornar-se o local improvisado da escritura"(DAUPHIN; POUBLAN, 2002: 85).[5]

No entanto, a contrapartida desta dispersão pelo espaço doméstico é uma dificuldade maior para a elaboração de textos, cujo sentido

---

3   CELSINA. *Carta para Juca*. Santa Bárbara, 14 de fevereiro de 1910. APMC, Grupo: José Antonio Gomes Ladeia, Série: correspondências, caixa 1, maço 1, nº. 82.

4   CELSINA. *Carta para Juca*. Campos, 4 de fevereiro de 1916. APMC, Grupo: José Antonio Gomes Ladeia, Série: correspondências, caixa 1, maço, 1, nº. 67.

5   DAUPHIN; POUBLAN, 2002: 85.

escapa a conteúdos meramente informativos. Não se pretende com esta discussão negar a importância da escrita epistolar em seu papel fundamental de aproximar pessoas, mantendo-as informadas sobre episódios familiares e citadinos de maneira geral; além disso, a "missiva, texto por definição destinado a outrem", como disse Foucault(1992: 145), "dá também lugar a exercício pessoal".[6]

Todavia, destaca-se aqui a especificidade da escrita epistolar feminina em uma dada circunstância, onde assuntos diversos apontam para atividades também diversas, mas que se sobrepõem majoritariamente ao exercício do "eu". Assim como nas personagens analisadas por Maluf (1995), Celsina Teixeira e demais mulheres do seu grupo social com as quais manteve correspondência, na maioria das vezes não se colocam como personagens centrais de suas próprias narrativas.

> Presas a uma representação de si mesmas recortada por interesses, regras e interditos, parecem desencorajadas a assumir tal centralidade. Este lugar é destinado na maior parte das vezes à família, eixo por excelência de suas respectivas identidades (MALUF, 1995: 49).

Mesmo que a função da missiva seja o de informar aos familiares distantes acerca de episódios do quotidiano do grupo, são raríssimos os momentos em que, entre um relato e outro, há uma centralidade da figura feminina. Desta maneira, a referida função da correspondência era levada ao extremo, isto é, informar a família sobre a família: "(...)Que esta encontre Vmce e todos com saúde é o meu desejo de coração. Vamos regularmente de saúde (...)";[7] "(...)Senti saber que Papae e Angelina

---

6   FOUCAULT, 1992: 145.

7   CELSINA. *Carta para Mamãe*. Bahia, 2 de dezembro de 1917. APMC, Grupo: Celsina Teixeira, Série: correspondências, caixa 1, maço 2, nº. 160.

estiveram com influenza e Carmita de catapora, desejo que esta encontre todos bons (…)"(Rago, 2007: 53).[8]

Vale ressaltar que, apesar da família ser na maioria das vezes o mote principal da correspondência, o par mulher-família não deve ser considerado como naturalmente construído, pois é antes de tudo "um construto social, político e cultural, e não um dado da 'natureza' ou da 'essência' da mulher."[9]

É perfeitamente possível perceber nuances de conflito nesta relação mulher-família ao longo das correspondências, porém se as tensões aparecem em alguns documentos de maneira mais sutil, noutros aparecem de forma mais aberta e declarada. Seja como for, as tensões que emergem nas entrelinhas das cartas denotam pressões exercidas sobre os sujeitos envolvidos na trama, obrigando-os a uma realização múltipla de ações e de improvisações.

Na trajetória de Celsina Teixeira em especial, existem especificidades proporcionadas pela malfadada saúde do marido, e é exatamente neste ponto que reside o eixo de suas lembranças. A suposta culpa e ofensa a Deus, que emergem do seu íntimo são aqui analisadas de maneira invertida, como pressões exercidas por uma tradição fortemente arraigada em seu meio e cujo reflexo principal é a determinação social dos papéis. Tais pressões exigiram dela e demais mulheres daquele contexto, uma gama variada de caminhos e alternativas, que forçavam um desvio ao olhar matreiro da norma.

Nesse aspecto, o episódio envolvendo a escolha de Tilinha pela carreira religiosa é salutar para essa discussão. Como foi observado anteriormente, além de tensionar as relações entre Celsina Teixeira e a mãe, evidenciou maneiras encontradas por aquela personagem para melhor exercer escrita e evidenciar suas angústias ocasionadas pela sua escolha.

Caetité, 27 de Novembro de 1921

Viva Jesus e Maria

---

8   Celsina. *Carta para Mamãe*. Bahia, 10 de novembro de 1917. APMC, Grupo: Celsina Teixeira, Série: correspondências, caixa 1, maço 2, nº. 155.

9   Rago (2007: 53).

Anísio:

Accuso o recebimento de sua carta de 8 d'este, recebida hoje a tarde, a qual respondo.

São 7 horas da noite, a casa está em completo silencio foram todos da nossa família para a festa do collegio dos Padres. Das 2 horas da tarde até as 4 houve a solenne distribuição de prêmios e agora a noite vão representar um drama, comedia, etc.(...).

É natural, tal aversão d'aqui de entregar uma filha para abraçar a vida religiosa. Esta carta sua não desejava que ninguém visse, porém aconteceu que hoje tive de acompanhar o enterro da mãe de Chica Montenegro, a qual era irmã do Apóstolado e na minha ausência chegou o correio, abriram a carta que foi lida por todos.(...) Depois de 6 mezes de casa vasia e despovoada, estes dias está bastante povoada.(...) Etc. Basta de tanta cacetada. *Acabam de chegar todos da festa. Levei deste 7 horas até as 10 a concom (...) pelo que não vi que passou tanto tempo.*

Tilinha

Ps: Quando acabou de ler este testamento, peço-lhe rasgar.[10]

Tilinha aguardou ansiosamente a carta do irmão com vistas a se antecipar aos olhares alheios vigilantes. Porém, um momento de sua ausência na casa possibilitou que todos tivessem acesso aos escritos, que pertenciam apenas a ela. Esta invasão no diálogo de Tilinha com o irmão tornou necessário a ela escrever a carta acima transcrita ocupando espaços vazios, com a ausência de todos na casa,

---

10 TILINHA. *Carta para Anísio.* Caetité, 27 de novembro de 1921. FGV, Arquivo: Anísio Teixeira Classificação: AT c 1920.08.16 Data 16/06/1920 a 30/05/1936, Qtd. de documentos: 4 (15fl.) – grifos meus.

sugerindo que ninguém deveria saber dos assuntos tratados ali e que aquele testemunho fosse rasgado.

Dentro do campo de atuação, as táticas dessas mulheres, ou seja, suas instâncias significativas de poder, eram as "práticas quotidianas (falar, ler, circular, fazer compras ou preparar as refeições)"(CERTEAU, 1994: 47), acrescenta-se também escrever cartas, inscrever cenas de um quotidiano diverso (da família, das cidades percorridas), a fim de os controlar e ampliar espaços de atuação.

Sobre este aspecto, Viana observou que:

> Do confinado espaço das cozinhas e alcovas, espalha--se e se apossa também das salas, varandas, jardins e do resto, dividindo com os homens espaços, ocupações e principalmente linguagens que lhe eram antes inacessíveis. Essa ampliação do espaço feminino torna-se viável à medida que a mulher toma posse da linguagem, para muitos de valor pouco compreensível e, para outros, base da identificação do homem [mulher] cultural, enquanto ser simbólico (VIANA, 1995: 13).

Voltando à "página em branco", Certeau (1994) propõe que o segundo elemento do ato de escrever, "compõe o artefato de um outro mundo, agora não recebido, mas fabricado". Em seguida, este mesmo autor destaca, como terceiro elemento, que

> esta construção [do texto] não é apenas um jogo. Sem dúvida, em toda sociedade, o jogo é um teatro onde se representa a formalidade das práticas, mas tem como condição de possibilidade o fato de ser distinto das práticas sociais efetivas. Pelo contrário, o jogo escriturístico, produção de um sistema, espaço de formalização, tem como "sentido" remeter à realidade de que se

distinguiu em vista de mudá-la. Tem como alvo uma eficácia social (CERTEAU, 1994: 225-226).

É perfeitamente plausível supor que Celsina Teixeira procurasse, ao se inscrever na frase título desta discussão, fabricar um mundo "desenfeitiçado de ambiguidades". Naquela realidade vivida até aquele momento, a frase, ou melhor, a angústia em forma de palavras vagas, representa um divisor de águas entre um tempo presente com sentimentos retidos, entremeados pela "formalidade das práticas" do *dever ser*, e um passado-presente. Diante da formalidade das práticas está o sujeito a improvisar ações efetivas, cujos resultados escapam aos olhares alheios das mais diversas maneiras, como através da omissão voluntária ou da escrita elaborada na ausência dos outros, por exemplo.

Durante o correr da pena, Celsina teve perfeita noção de que o seu correspondente estava sentado à mesa, junto com ela. De fato, a escrita epistolar "não se restringe ao simples conselho ou ajuda; é ela a do olhar e do exame (...), por meio da missiva, abrimo-nos ao olhar dos outros e instalamos o nosso correspondente no lugar do deus interior"(FOUCAULT, 1992: 151).

Destaca-se aqui a autonomia do sujeito frente às normalizações, onde a escrita, mas não apenas ela, possui um papel fundamental como elemento de efetivação de poder, pois é exatamente o sujeito que escolhe, num universo de símbolos disponíveis, aquilo que pode ser visto (ou lido) pelos outros.

O eixo das lembranças de Celsina Teixeira não é orientado para "toda" a sua vida. "Suas ideias e percepções no momento da lembrança", como salientou Maluf (1995: 83), são orientadas pela angústia que lhe é mais recente, ou seja, o percurso de adoecimento e morte do marido. Através das atuações na vida pública e privada, Celsina Teixeira teceu ao longo dos anos sólidas redes de sociabilidades. Mesmo quando herdadas da família pelos anos a fio, tais redes foram reelaboradas e revertidas em benefício próprio e do seu grupo de convívio mais direto.

A solidez e amplitude destas redes foram, sem dúvida alguma, proporcionadas pelas correspondências pessoais, dados os constantes deslocamentos dos familiares e amigos, precariedade das condições de transporte e comunicação.[11]

Desta forma, a correspondência foi posta como um meio imprescindível de estabelecer contatos pessoais e transmitir notícias a longa distância, propiciando o emergir, de acordo com as circunstâncias histórico-sociais, da perspectiva dos seus autores sobre a realidade vivida cotidianamente.

É sugestivo, portanto, como indício desta solidez a intensificação das correspondências recebidas durante o biênio 1926-1927, afinal o "gênero da 'consolação' oferece ao correspondente as armas 'lógicas' com as quais lutar contra o desgosto",(FOUCAULT, 1992: 147) tal como o irmão Mario, que solicita junto à irmã que a mesma narre a morte do esposo: "(…) Fomos anti-ontem surpreendidos com a noticia da morte de Juca (…). Eu quereria, entretanto, que me escrevesse sobre essa morte (…)".[12]

Não consta no acervo a resposta dada ao irmão, no entanto a análise de outras correspondências enviadas/recebidas por ela naquele momento e a intensificação do fluxo de missivas indicam que a narrativa do martírio do esposo foi descrita para vários destinatários. Com variações em relação à minuciosidade dos detalhes narrados (mais ou menos a depender da relação epistolar estabelecida e dos vínculos de afetividade, amizade e cumplicidade construídos ao longo do tempo), os conteúdos em torno deste episódio versavam basicamente sobre:

> (…) Apezar de reconhecer que foi um allivio para elle o terminar um *martyrio de onze annos*, as saudades que tenho tido são bem amargas e pungentes! *Tenho*

---

11 Embora Celsina Teixeira tenha mantido e ampliado sua rede de relações, dada a sua posição de liderança construída ao longo dos anos, por ocasião do surgimento do telefone, houve diminuição significativa do volume de correspondências. Vale acrescentar que o acervo de correspondências dela e da família mantém um volume significativo até a década de 1960, tornando-se rarefeito a partir da década de 1970.

12 MARIO. *Carta para Celsina*. Bahia, 28 de julho de 1926. APMC, Grupo: Celsina Teixeira, Série: correspondências, caixa 2, maço 3, n°. 962.

Mulheres e poder no Alto Sertão da Bahia

sentido tanta falta, mesmo do trabalho que de tão bôa vontade lhe prestava (...).[13] (...) E nem podes avaliar o quanto tenho sofrido! Que tristeza e desolação! Parece um sonho! Não esperava que elle fosse tão depressa! (...) Apezar das saudades, *tive o conforto de prestar-lhe os ultimos serviços*, ajuda a pôr a vela nas mãos assisti-lhe até a hora que pôz no caixão, quando puz o travesseiro para elle se deitar!(...)[14]

Porém, na carta enviada à prima Otília, Celsina Teixeira deixa entrever com mais riqueza de detalhes as nuances do "dever cumprido" ao longo dos "onze anos e cinco meses de martírio":

Caetié, 18 de agosto de 1926.

Minha cara Othilia:

Muito me confortou o seu cartão de pezames pelo falecimento do meu querido e saudoso Juca.

Você mesma que já passou por igual dôr é quem pode avaliar quanta magoa e saudade me vae n'alma! Parece, às vezes, impossível acostumar-me com tão dura realidade! Entretanto conforta-me o pensamento de querer vir em tudo o cumprimento da Santíssima Vontade de Deus, que fas o que faz! *Resta-me o consolo de ter procurado cumprir o meu dever de esposa, velando por elle ate o fim!*

Muito tenho que agradecer a Deus, a força que sempre me proporcionou, para cumprir esse dever sem o menor desanimo e impaciência. Tenho confiança de que

---

13 Celsina. *Carta para Rogociano*. Caetité, 11 de setembro de 1926. APMC, Grupo: Rogociano Pires Teixeira, Série: correspondências, caixa 2, maço 4, nº. 1020 (grifos meus).

14 Celsina. *Carta para Edvaldo*. Caetité, 31 de julho 1926. APMC, Grupo: Edvaldo Teixeira, Série: correspondências, caixa 1, maço 1 nº. 6 (grifos meus).

não me faltará essa graça nessa nova "cruz" que Elle me apresenta!

Soffreu muito o meu inditoso Juca! 11 annos e cinco mezes de martyrio, como Você bem sabe! Este ultimo anno, elle já não movia na cama!

A sua natureza forte resistio quanto poude; finalmente, a paralysia foi invadindo progressivamente os órgãos da digestão e por ultimo a respiração e a circulação! Acabou como um passarinho, plácida e serenamente! Coincides a morte depois de uma novena que estava rezando pela sua saúde, em que tomava uma colherinha de água de Lourdes.

Acredito que N. S. de Lourdes aceitou a novena, dando-lhe a cura no outro mundo, onde espero encontral-o são e salvo!

Muito lhe agradeço a communhão e missa que offereceu por alma delle! Deus lhe pague a generosidade, que procurarei retribuir pelo seu Luiz.

Já respondi o telegramma de Tia Sisenanda e dos primos, a quem peço transmittir mais uma vez os meus sinceros agradecimentos, com visitas e lembranças para todos.

Adeus, aceite com Raymundinho minhas saudades e abraços desta sua prima mto. am.ª e grata

Celsina.[15]

A elaboração de uma correspondência é marcada pela percepção do missivista sobre os modos de ser e de pensar do destinatário, com adaptações do discurso ao interlocutor,[16] no entanto as diferenças quanto à carga de detalhes tornam-se irrelevantes para este

---

15 CELSINA. *Carta para Othília*. Caetité, 18 de agosto de 1926. APMC, Grupo: Celsina Teixeira, Série: correspondências, caixa 1, maço 1, nº. 52.

16 Ver sobre correspondências femininas, VAZ (1995).

Mulheres e poder no Alto Sertão da Bahia 195

caso, pois entre uma e outra carta há a necessidade intrínseca de levar ao conhecimento de todos o martírio dele e, principalmente, sua fiel devoção de esposa, tal como são os desígnios determinados pela Igreja Católica no instante do matrimônio.

Neste ponto reside com mais clareza o duplo trabalho exercido pela carta. Segundo Foucault (1992: 146-147), ao escrever o autor atua sobre seu correspondente e sobre si próprio; talvez por isso Celsina Teixeira, ao escrever detalhes sobre a morte do marido para o tio, prima, irmão, filho e tantos outros, procurasse atuar sobre si mesma numa espécie de reafirmação de seus "deveres", "boa vontade" e isenção de "pecados" cometidos, pois ela mesma sabia, devido à própria solidez da sua rede de relações, que as respostas viriam nos mesmos tons reafirmativos da boa esposa:

> (...) Sirva-lhe de consolo a certeza de que, *você cumpriu, como muito poucas o teriam feito, a sua missão dolorosa*. Deus, na sua infinita misericórdia, em recompensa, dará a alma de seu infeliz Juca, o descanso eterno, que eu sei, será o que você mais lhe implorará agora. A sua recompensa está também, *na satisfação do dever cumprido* e nos dias cheios de paz e consolação que Jesus lhe concederá (...).[17]

> (...) Recebi a sua carta de 4 de Agosto, onze dias depois do fallecimento do seu querido e inditoso Juca. Não pude conter as lagrimas, ao ler a sua carta minuciosa, contando-me a sua grande dôr, passando horas tão amargas! Graças a Deus muito me consola saber que V. sente bastante confortada com a practica de

---

17 CARMITA. *Carta para Celsina*. Bahia, 27 de julho de 1926. APMC, Grupo: Celsina Teixeira, Série: correspondências, caixa 2, maço 3, n°. 968 (grifos meus).

nossa santa Religião, *podendo pelas orações ainda trabalhar e ser útil ao seu saudoso morto* (...).[18]

Dentre as respostas enviadas, o consolo oferecido pelo irmão é bastante interessante para as discussões seguintes:

8 de setembro de 1926.

Dia da Natividade de N. S.

Querida Sinsinha,

A sua carta, a sua santa carta de 25 do m.p., chegou-me ás mãos dois dias depois da missa de 30° dia, que mandamos dizer pelo Juca.

Felismente a sua, cartinha confirmaram tudo a que eu esperava, não só sobre a morte de Juca, como sobre o seu estado moral. *A sua vida, toda ella dedicada ao serviço do seu marido doente, poderia parecer-lhe que tinha perdido o sentimento, porque desapparecera a rasão do sacrifício. Ainda bem que V. escapa desse perigo, que era, no fundo, uma espécie de egoismo. Com effeito, se o seu admirável devotamento a Juca não fôsse expressão do seu desejo de cumprir, na terra, a vontade divina – e sim uma dessas dedicações raras, suas, em que se confiar o nosso orgulho: – poderia, agora, sobrevir-lhe uma certa sombria tristeza de que V. não podesse sair.* Veja bem que é uma tentação de almas de eleição, mas que não seria impossível. Ganhar o seu coração amôr ao sacrifício pelo sacrifício, a dôr pela dôr.

Graças a Deus, nada disto se dará. Estava V., como o pobre Juca suspeitos a uma terrível provação; soube V. supportal-a; melhor, acceital-a com coragem, com verdadeiro espírito christão; *agora Deus resolve suspender a grande prova, só lhe cabe uma attividade de profunda gratidão e de novo offerecimento.*

---

18   Tilinha. *Carta para Celsina.* São Paulo, setembro de 1926. APMC, Grupo: Celsina Teixeira, Série: correspondências, caixa 1, maço 1, n°. 18 (grifos meus).

Retirada essa tarefa que V. tão bem soube cumprir; qual será a outra que Deus aofferece? – Primeiro o Edvaldo, para quem V. é pae e mãe, para que V. é tudo; depois as suas obras sociaes. E estou certo, nem outra cousa revela a sua carta, que a nova obra encontrará a mesma coragem, o mesmo amôr, a mesma sólida constancia. Não lhe direi que ella é mais fácil. *O seu grande soffrimento auterioso seria toda a sua vida e commandava todos os seus movimentos.* Hoje lhe faltará esse faet predominante que tudo governa. Mais livre a obra, ella será mais dificil. E deve V. vir para aqui? É cousa para reflectir muito e muito. Para Edivaldo é melhor; será talvez necessário. A sua natureza impressisavel, a sua necessidade de tratamento exigem sua presença aqui. Via, se elle estiver vencendo o seu temperamento com a vida rude de collegio – e V. é que poderá dizer quanto o tiver ahi nas férias – convirá retiral-o desse aprendisado de energia que é o convívio de rapases de sua edade, alegre e folgarão? São cousas para pessar e em que terá V. tempo. Escreva-ma sobre esto e conte com a minha opinião. Dar-lhe-ei sempre. Adeus.

Mario.[19]

As afirmações dos atributos da esposa fiel e dedicada ao marido aparecem como inseridas ao discurso normativo que atribui papéis específicos aos gêneros, porém, entre o envio da carta e a resposta almejada, isto é, entre o ir e vir do discurso normativo está a prática social com suas efetivas improvisações. Neste ponto a tensão social existente entre o prescrito e a prática social (MALUF, 1995: 199) pode ser novamente percebida pelas omissões da escrita feminina, visto que Celsina Teixeira, ao destacar os serviços prestados ao marido, coloca em segundo plano suas outras ações, aflições e angústias durante os "11 anos e cinco meses de martírio".

---

19 MARIO. *Carta para Celsina.* S/local, 8 de setembro de 1926. APMC, Grupo: Celsina Teixeira, Série: correspondências, caixa 2, maço 3, nº. 981 – grifos meus.

A análise de algumas cartas que marcaram o início dos problemas de saúde do marido evidencia dramas vividos pelo casal diante da doença e, a partir da constatação do problema em Caetité, ambos deslocam-se para Salvador, com vistas a buscar a cura de um problema ainda pouco conhecido pela medicina da época:

> (…) Ante-hontem Juca repetio o acesso igual aos que elle teve ahi, e que o último foi em junho do anno passado.
>
> Assustei-me um pouco, porque tive o receio de vir uma congestão, pois havia dias que elle andava muito nervoso e vermelho, nesse dia elle estava até mais calmo; porém acabou de almoçar e ficou na leitura delle, até as três horas, quando chamei-o para tomar leite, elle veio já muito nervoso, tanto que não tomou a xícara toda, e voltou para ler outra vez, não demorou dez minutos, elle deixou de ler, e então vim vê-lo na sala de visita, encontrei-o no quarto já sem poder falar e com um desvio no rosto; elle ainda voltou para a sala de visita afim de mostrar o que estava lendo, porém, quando pegou no jornal, a mão direita estava já sem jogo (…)[20]
>
> (…) Juca continua no mesmo. Ante-hontem ele começou a usar injecções de iodureto de sódio. Tenho que leval-o de dois em dois dias ao escriptorio do Dr Alexandre, na cidade baixa, o que não deixa de ser um sacrifício, mas se deixasse para o médico vir cá, era um nunca acabar.
>
> Já falei ao médico para apressar o tratamento, afim de irmos com as meninas e elle me prometeu terminar o mais breve possível, dizendo—me que não deixasse

---

20 Celsina. *Carta para Mamãe*. Bahia, 10 de novembro de 1917. APMC, Grupo: D. Ana S. Teixeira, Série: correspondências, caixa 1, maço 2, nº. 155.

de continuar ahi, pois acha que não se deve perder a esperança (...).[21]

Desta forma, as idas e vindas de Caetité a Salvador (com todas as dificuldades proporcionadas por tal deslocamento), a viagem dele para o Rio de Janeiro (com auxílio de outros parentes), a necessidade dela de permanecer em Caetité e comandar sozinha os negócios do casal, opiniões, tratamentos médicos diversos, acessos de raiva do marido etc., podem ressoar, para o indivíduo que vive o drama quotidianamente no interior do espaço doméstico, em sentimentos como desesperança da cura, impaciência, incredulidade, e, até mesmo, alívio diante da morte.

A plausibilidade desses sentimentos porta a dentro, ocorridos em flashes ao longo dos anos, são omitidos e reconfigurados (para que todos vejam) em discurso normativo na forma da *satisfação do dever cumprido, sem o menor desânimo e impaciência*.

Com esta análise não se pretende aqui desconsiderar qualquer sentimento positivo construído pelos anos a fio ou a tristeza advinda pela perda do ente querido, contudo, tal como a personagem Floriza, analisada por Maluf (1995), Celsina Teixeira, ao salvaguardar os negócios da família, atuar na Associação de Caridade a partir de 1919, e ainda cuidar do marido enfermo, "sugere uma fragmentação" de sua própria pessoa ao "procurar equilibrar-se entre" o exterior e o interior do espaço doméstico. Ainda segundo a mesma autora:

> Embora a vida cotidiana e sertaneja a compelisse a exercer tarefas fora dos mal arranjados limites ideológicos do lar, ela [Floriza e Celsina também] as tinha de tal forma internalizadas que não poderia deixar nenhuma possibilidade do leitor [missivista], mesmo que remota, de vê-la como mãe [esposa] pouco devota. Na medida em que firmou-se na cultura uma

---

21 CELSINA. *Carta para Papai* (Deocleciano Pires Teixeira). Bahia, 4, de dezembro de 1917. APMC, Grupo: Deocleciano Pires Teixeira, Série: correspondências, caixa 4, maço 1, nº. 2164.

> representação da mulher-mãe [esposa] como sujeito responsável pelos cuidados com os filhos [marido] e isso foi profundamente interiorizado, Floriza [Celsina] parece querer afastar de si mesma o sentimento de culpa, companheiro inseparável do ideal da boa mãe [esposa] (MALUF, 1995: 203).

O discurso normativo da boa esposa, tanto da parte dela quanto das respostas enviadas pelos seus missivistas, é entendida na presente análise enquanto discurso prescrito e socialmente imposto, onde estão inseridos "padrões culturais determinados"(MALUF, 1995: 205) cuja consequência é a introspecção de atributos como naturalmente emanados.

Assim, ao internalizar e apresentar em forma de correspondência todos os atributos da boa esposa, Celsina Teixeira apresenta também o espaço doméstico e a família como elementos de tensões perenes a acompanhar suas ações no decorrer dos anos. Obviamente que as atuações relativas à salvaguarda financeira e fundação da Casa de Caridade não estavam em voga no momento da elaboração das cartas sobre a morte do marido, no entanto, seus deslocamentos porta a fora sempre estiveram interligados ao espaço doméstico, aos cuidados com o marido enfermo e, diante do cumprimento do dever ao longo dos anos, não foram de maneira alguma questionados.

Desde a constatação da enfermidade do marido, Celsina Teixeira foi impelida a exercer sozinha uma série de atividades, que antes eram feitas em parceria com ele, como as negociações envolvendo a compra e venda de gado, por exemplo. Tais atividades, apesar de pouco valorizadas, visto que a mulher é comumente percebida como "agente reprodutora exclusivamente identificada com as tarefas relativas ao lar",[22] não repercutiram como novidades no devir quotidiano de uma mulher do Alto Sertão baiano.

A partir deste fato, suas ações foram acompanhadas, de certa maneira, pelo olhar normativo representado pela dupla presença do marido enfermo, isto é, a presença-ausência dele que, enquanto vivo esteve

---

22 MALUF, 1995: 202.

morto e, quando morto, continuou vivo: restando-lhe para ela agora, *pelas orações ainda trabalhar e ser útil ao seu saudoso morto.*

Porém, destaca-se aqui a reversibilidade ante ao olhar matreiro, que espreita e vigia passos dentro e fora do espaço doméstico. Se por um lado o ideal da boa esposa está de tal maneira internalizado nas ações femininas da época, por outro, a mesma boa esposa, com suas diversas práticas quotidianas,[23] caminha, fala, lê, escreve cartas, omite frases, enfim, constrói em benefício próprio e do seu grupo parcelas significativas de poder como práticas de apropriação de espaço, tais como a igreja, a praça pública, a família e a casa (o hall de entrada, a sala de visitas, o quarto, a cozinha, a mesa de escrever cartas, o papel em branco e as reticências...).

---

23   Ver sobre as práticas de apropriação do espaço, CERTEAU, 1994: 45-53.

Considerações finais

Para além de uma análise meramente biográfica e personalista, esta pesquisa objetivou o estudo da trajetória e da rede de relações construída por Celsina Teixeira Ladeia entre o período de 1901 a 1927.

Para a consecução desta pesquisa utilizou-se uma variedade de documentos presentes no acervo da família Teixeira, que se compõe de correspondências pessoais enviadas por Celsina Teixeira Ladeia e destinadas a ela, livros de anotações de despesas e inventários. A análise desta farta documentação em diálogo com outros estudos realizados sobre o Alto Sertão baiano, propiciou a percepção do dinamismo social, econômico e cultural da região durante a temporalidade estudada.

Em cenário marcado pela desestruturação do sistema escravista e instabilidades climáticas, esta análise observou as atuações das mulheres da família Teixeira na constante necessidade de instituir variadas estratégias em busca de alternativas para abrandar adversidades

A rede de relações captadas através da troca de cartas possibilitou a compreensão da escrita feminina como parte integrante de um conjunto maior de atividades. Neste ponto, não apenas a escrita de missivas, mas principalmente as ações nelas relatadas permitiram relativizar poderes historicamente construídos dentro e fora do contexto familiar.

As sutilezas dos indícios presentes nas correspondências e outros documentos do acervo contrastaram com a gama variada de atuações femininas. Entre estes sutis indícios das atuações de Celsina Teixeira destacam-se o tempo entre receber e responder correspondências, que a despeito das dificuldades de comunicação e transporte no início do século XX, possibilitou enxergar a necessidade de manutenção dos elos de sociabilidade, a autonomia de suas escolhas e amplas inserções sociais distantes das prescrições normativas.

O distanciamento de tais prescrições, cuja construção histórica nesta pesquisa foi atribuída às múltiplas redes de perpetuação destes valores, entre elas a escola, a igreja, foi percebido e elaborado através da análise das relações de gênero desenvolvidas no ambiente familiar.

A rarefação de correspondências femininas, que antecedeu ao ingresso de Celsina Teixeira na escola, em 1901, possibilitou entrever ações variadas no espaço doméstico. Neste ponto, centrou-se análise nos elementos que possibilitaram a percepção do processo de transmissão do acúmulo de experiências da mãe Ana Teixeira para suas filhas.

Constituiu foco desta análise a percepção dos poderes femininos na construção autônoma de estratégias familiares, que foram instituídas de forma claramente diferenciadas para cada gênero. Com o objetivo de superar os limites estanques para as ações e papéis femininos, a análise evidenciou poderes presentes na ordenação não apenas do espaço da casa, mas, sobretudo, na organização orçamentária, no gerenciamento dos bens familiares e na determinação de estratégias individuais em benefício do grupo.

A trajetória inicial de Celsina Teixeira, ainda no espaço doméstico, assim como as de suas irmãs, foi permeada por ações políticas visíveis na arte de negociar, ceder, sugerir e impor vontades próprias.

Estes ensinamentos aprendidos no espaço doméstico foram reelaborados a partir das novas experiências adquiridas e puderam ser percebidos a partir da análise das ações quotidianas de Celsina Teixeira após a saída do núcleo familiar original. No período em que esteve em Salvador, em 1908, entre passeios e visitas foi perceptível as maneiras próprias desta personagem tecer suas redes de relações sociais.

Sua "tática caminhante" esteve sempre presente ao longo de sua trajetória. Celsina Teixeira, juntamente com outras mulheres do seu grupo de convívio, ocupou espaços nos diversos setores da vida social.

Durante a primeira fase do casamento (1909 a 1916), ou seja, antes do adoecimento do marido, por mais que as divisões de tarefas na dinâmica familiar fossem diferenciadas, segundo o gênero, as leituras conjugadas de fontes como correspondências e outras anotações pessoais (cadernos de receitas-despesas, inventário, entre outras) permitiram entrever atuações que quebraram a ordem polarizada entre espaços estabelecidos como masculino e feminino, o público e o privado. A participação ativa nos negócios da família, visíveis nas anotações de pagamentos aos empregados das fazendas e da casa em Caetité, a compra e venda de gado e as contratações de serviços diversos apresentaram-se como importantes evidências na elaboração de um contexto social com ampla participação feminina na dinâmica social.

Nesta análise, mereceram significativo destaque as ações de Celsina Teixeira mais diretamente relacionadas às maneiras próprias de gerenciar os negócios do casal em parceria com o marido. Superando meras anotações despretensiosas, seus registros sobre dotações orçamentárias revelaram que esta, a partir de fatos vivenciados e observados, estabeleceu ampla visão sobre questões relacionadas à economia, carestia, problemas sociais e adversidades climáticas.

Os percalços da vida pessoal de Celsina Teixeira, como os relacionados ao período imediatamente posterior ao adoecimento do marido, em 1916, foram essenciais para visualizar a consolidação da autonomia desta personagem em todos os âmbitos de ação.

A pesquisa destacou a grande distância existente entre a normalização dos papéis, evidente em aspectos como a necessidade da ação judicial de interdição do marido, com vistas a assumir legalmente os negócios do casal, e os acordos tácitos realizados quotidianamente, onde a participação feminina esteve amplamente registrada.

Após o adoecimento do marido, os modos de agir de Celsina Teixeira permitiram a esta personagem assumir sem muitos percalços os negócios da família. Percepções e ações aprendidas desde tenra idade foram percebidas de maneira mais contundente, não apenas diante das precauções orçamentárias tomadas quanto às imprevisibilidades, mas também nas ações relacionadas à salvaguarda dos negócios do casal.

Após a constatação da impossibilidade da cura da doença do marido, o horizonte de atuações de Celsina Teixeira foi ampliado. Mesmo que o liame da "esposa fiel e dedicada" ao marido enfermo estivesse sempre a acompanhar seus passos, Celsina Teixeira realizou uma série de atividades que nesta pesquisa foram vistas como táticas de inserção nos diversos meandros do cenário social.

No bojo dessas inserções esteve presente a aquisição de uma posição mais central no seio da família nuclear original. Evidenciou-se, como indício desse fato, a atuação de Celsina na mediação dos conflitos suscitados pela escolha da irmã Tilinha pelo noviciado, no início da década de 1920. Além disso, tal centralidade também foi percebida na fundação da Associação das Senhoras de Caridade, em 1919.

Sem desconsiderar o aspecto benevolente e de conforto espiritual da obra caritativa, a criação da entidade foi analisada também enquanto projeto político da família, idealizado e encabeçado por Celsina Teixeira.

A gama variada de inserções sociais não a isentou de conflitos e tensões provenientes dos variados âmbitos do tecido social. Evidenciou-se que, perante as tensões provenientes da prescrição dos papéis sociais, houve a reversibilidade caracterizada pelas práticas quotidianas variadas.

Assim, para além de registros de costuras, bordados, cuidados ao marido e filhos, que poderiam significar imutabilidade e trivialidade, o ato de caminhar pela casa, fazendas, cidades e estradas e a prática da escrita de correspondências (ou de omitir frases) compuseram, nesta pesquisa, o amálgama das inserções e dos poderes femininos nos espaços do cenário social.

Voltando à trajetória da vida de Celsina Teixeira, após 1927 houve uma continuidade, ou talvez seja melhor dizer intensificação de correspondências (e de poderes?), mas isso é uma outra pesquisa.

Agradecimentos

NA CAMINHADA ATÉ A ELABORAÇÃO deste livro, muitas pessoas estiveram presentes e contribuíram significativamente para a realização desta pesquisa. Trabalhar com estudo das relações de gênero no âmbito familiar e social, a partir da trajetória de uma personagem em especial, constituiu-se um grande desafio. Entre indicações de leituras e sugestões de abordagens, o convívio com a professora Maria Odila Leite da Silva Dias significou um incentivo a mais no difícil processo de se trabalhar com correspondências pessoais. Na fase de elaboração do projeto e também no decorrer do curso de mestrado, contei com as inestimáveis contribuições da amiga Maria de Fátima Novaes Pires.

Na PUC de São Paulo, durante o curso, foram salutares as contribuições da professora Estefânia Canguçu Fraga. As sugestões apontadas pelas professoras Norma Telles e Elisabeth Rago, durante a qualificação, foram determinantes para consecução dos objetivos da pesquisa. Devo sinceros agradecimentos a todos os amigos do curso de mestrado. As amizades construídas nesse período propiciaram importantes momentos de interlocução.

A Adriana Moreira Pimentel, ex-aluna e agora colega de profissão, devo o encurtamento da distância entre São Paulo e Caetité, sobretudo em relação ao acesso a alguns documentos pendentes e à transcrição de correspondências. Também na transcrição de correspondências pude contar com apoio dos alunos Eudes Maciel, Thiago Fernandes, Vinícius Toledo e Agda Francesca, além de todos os monitores do Arquivo Público Municipal de Caetité (APMC) que trabalharam na catalogação da documentação.

Na Universidade do Estado da Bahia (Campus VI – Caetité), agradeço aos colegas professores (as) Rosemária Juazeiro, Genilson Silva, Nivaldo Dutra e Denise Marques e às funcionárias (os) Tatiane Fróes, Vanusa Aguiar, Dora Pontes e Edgar Lira (campus I – Salvador). No APMC pude contar com as colaborações da funcionária Rosália Junqueira e do professor Paulo Henrique Santos, que apontou a necessidade de catalogação da documentação da família Teixeira.

Agradeço às senhoras Yeda Teixeira de Castro Neves e Anísia Teixeira Bastos, respectivamente, sobrinhas e afilhada de Celsina Teixeira. As informações fornecidas por elas auxiliaram na identificação de fatos ocorridos na trajetória da personagem principal deste livro. Espero que o resultado desta pesquisa esteja à altura de suas expectativas. Esta pesquisa, assim como outras que surgirão, deve imensa gratidão à nobre atitude de Babi Teixeira, que, ao doar o acervo da família Teixeira, abriu caminho para diversos estudos históricos sobre a região do Alto Sertão baiano.

Agradeço ao casal Laércio Menezes e Graciete Carneiro, amigos desde os tempos da graduação na USP, que, juntamente com o pequeno Caio, acolheram-me e possibilitaram minha permanência em São Paulo, durante o segundo semestre de 2007.

Com um carinho muito especial, agradeço aos meus tios Laudecena Pereira e Rômulo Gagliotti, e aos meus primos Rômulo (Raquel e Milena), Juliana e Ítalo. Infelizmente, nesse período, vivenciei a perda da minha avó materna, mas guardarei comigo somente as boas lembranças vividas na "roça da vó" e à beira do fogão de lenha, em Redenção da Serra (SP), em companhia dela. Matriarca, proprietária de terras, gados e mãe de quatro filhas, sua trajetória de vida merece ser contada.

Agradeço às importantes análises de Rogéria Steinberg, que, em um período bastante conturbado de minha trajetória pessoal, contribuiu significativamente no meu processo de autoconhecimento.

Aos meus pais, Getúlio Profeta e Maria de Lourdes (D. Ka), às minhas irmãs Márcia e Mara e aos pequenos Maíra e Joaquim, devo todo o meu afeto e carinho. Independentemente das minhas escolhas pessoais, sei que sempre poderei contar com o apoio desta família que tanto amo.

Durante treze anos da minha vida, nos alegres e tristes momentos, tive a grata satisfação de conviver ao lado de Luciana Sousa. Mesmo tomando direções diferentes e com outras expectativas para cada um a partir deste ano, nossas vidas estarão sempre ligadas e saberei agradecer ao apoio oferecido nessa jornada. Pelos cuidados dispensados ao meu filho, sobretudo nas intermináveis horas de estudo, agradeço à imprescindível atenção de Norma Costa e Elizabeth Nascimento.

Por fim, à minha Ternura devo esta conquista recente, pois sei que sem uma rica interlocução construída, o resultado da pesquisa seria consideravelmente menor. Entre livros, brinquedos e todos os cuidados que uma criança necessita, Andrei, meu filho, foi o responsável por me apresentar a um amor verdadeiro, incondicional e paciente. Neste novo rumo de minha vida, esta criança vem me ensinando a simplicidade das coisas e proporcionando a necessidade de autorrenovação dia após dia. Por isso, esta pesquisa e o meu amor são inteiramente dedicados a ele.

Referências bibliográficas

Documentos

Arquivo Público Municipal de Caetité (APMC)

Correspondências pessoais

Acervo Particular Família Deocleciano Pires Teixeira
Grupo: Celsina Teixeira
Série: Correspondências pessoais
Caixas: 1 e 2.

Acervo Particular Família Deocleciano Pires Teixeira
Grupo: José Antônio Gomes Ladeia (Juca)
Série: Correspondências pessoais
Caixa: 1.

Acervo Particular Família Deocleciano Pires Teixeira
Grupo: Edvaldo Teixeira Ladeia
Série: Correspondências pessoais
Caixa: 1.

Acervo Particular Família Deocleciano Pires Teixeira
Grupo: Anna Spínola
Série: Correspondências pessoais
Caixa: 1.

Acervo Particular Família Deocleciano Pires Teixeira
Grupo: Deocleciano Pires Teixeira
Série: Correspondências pessoais
Caixa: 4

Acervo Particular Família Deocleciano Pires Teixeira
Grupo: Rogociano Pires Teixeira
Série: Correspondências pessoais
Caixa: 1 e 2.

Registros contábeis:

Acervo Particular Família Deocleciano Pires Teixeira
Grupo: registros contábeis
Série: livro caixa
Caixa 2.

Documentos escolares:

Grupo: documentos escolares
Série: avaliações e boletins
Maço: único

Documentos avulsos não classificados

Livro: "Lançamento dos actos e boas obras da Associação das Senhoras da Caridade"

"Estatuto da Fazenda Campos"

Jornais

Jornal a *Penna*, ano XV, n. 399, de 28 de outubro de 1926. Acervo do Arquivo Púbico Municipal de Caetité.

Arquivo Público do Estado da Bahia (APEB)

Autos de Inventário de Caetité

Seção Judiciário, processo de interdição (1916) anexo ao inventário de José Antônio Gomes Ladeia, auto 8/3571/12 (1924-1944). 109 f., fl. 6, verso.

Seção Judiciário. Série Inventários. ID: Ana Spínola Teixeira e Celso Spínola Teixeira. Est. 8, cx. 3531, doc. 11, 1944, 41 f.

APEB. Seção Judiciário. Série Inventários. ID: Constança Pereira Sousa Spínola / Prescilla de Souza Spínola e Constança de Sousa Spínola. Est. 1, cx. 319, maço 612, doc. 9, 1911-1928, 44 fl.

APEB. Seção Judiciário. Série Inventários. ID: Barão e Baronesa de Caetité. Est. 2, cx. 722, doc. 1187, maço 1, 1890 a 1903, 157 f.

Fundo: Fórum Cézar Zama, Grupo: Cartório de Registro Cívil, Série: Autos Civeis, Subsérie: Registro de Nascimentos, Notação: Livros A3 a A5 (sede).

Fundação Getúlio Vargas (FGV)

Correspondências

Arquivo: Anísio Teixeira
Classificação: AT c 1920.08.16
Data 16/06/1920 a 30/05/1936
Qtd. de documentos: 4 (15fl.)

Arquivo: Anísio Teixeira
Classificação: AT c 1922.03.06
Data: 6/02/1922 a 18/08/1930
Qtd. de documentos: 48 (199 fl.)

Arquivo: Anísio Teixeira
Classificação: AT c 1920.07.13
Data: 13/07/1920 a 12/07/1970
Qtd. de documentos: 33 (109 fl.)

Documentos impressos

GALVÃO, Maria de Lourdes S. Cordeiro. Viagem no tempo: reminiscências. Salvador: Contemp, 1989.

SAMPAIO, Teodoro. *O Rio São Francisco e a Chapada Diamantina*. São Paulo: Companhia das Letras, 2002.

SANTOS, Helena Lima. *Caetité: "Pequenina e Ilustre"*. 2ª ed. Brumado-Ba: Editora da Tribuna do Sertão, 1995.

SILVA, Pedro Celestino da. Notícias históricas e geográficas do município de Caetité. *Revista do Instituto Histórico e Geográfico da Bahia*, Bahia, n. 58, 1932: p. 89-294.

Livros, Teses e Artigos

AGUIAR. Lielva Azevedo. *"Agora um pouco da política sertaneja"*: a trajetória da família Teixeira no alto sertão da Bahia (Caetité, 1885-1924). Dissertação de Mestrado. Santo Antônio de Jesus - BA, Uneb, 2011.

AMADO, Janaína. "História e região: reconhecendo e construindo espaços". In: SILVA, Marcos A. *República em migalhas: história regional e local*. São Paulo: ANPUH/Marco Zero/MCT-CNPq, 1990, p. 7-15.

ARTIÈRES, Philippe. "Arquivar a própria vida". In: *Revista de Estudos Históricos*: arquivos pessoais. Rio de Janeiro: CPDOC/ FGV, n. 21, 1998.

BASTOS, Maria H. Câmara; CUNHA, Maria T. Santos; MIGNOT, Ana C. Venâncio (orgs.). *Destinos das letras: história, educação e escrita epistolar*. Passo Fundo: UPF, 2002.

BESSE, Susan K. *Modernizando a desigualdade: reestruturação da ideologia de gênero no Brasil, 1914-1940*. São Paulo: Edusp, 1999.

CARVALHO, Vânia Carneiro de. *Gênero e artefato: o sistema doméstico na perspectiva da cultura material*. São Paulo: Edusp/Fapesp, 2008.

CATELLI, Rosana Elisa. *A correspondência da família Pacheco Chaves: uma análise das práticas femininas da elite paulista, 1890-1930. 1997*. Dissertação de mestrado. Campinas, Instituto de Filosofia e Ciências Humanas, Unicamp, 1997.

CERTEAU, Michel de. *A invenção do cotidiano: artes de fazer*. 12ª ed. Petrópolis: Vozes, 1994.

_____. *A escrita da história*. Rio de Janeiro: Forense Universitária, 2000.

CHARTIER, Roger. "Diferenças entre sexos e dominação simbólica". In: *Cadernos Pagu*. Campinas, n. 4, 1995, p. 37-47.

CUNHA, Mª Teresa dos Santos. "Por hoje é só... cartas entre amigas". In: BASTOS, Maria H. Câmara; CUNHA, Maria T. Santos, MIGNOT, Ana C. Venâncio (orgs.). *Destinos das letras: história, educação e escrita epistolar*. Passo Fundo: UPF, 2002, p. 181-204.

DAUPHIN, Cécile; POUBLAN, Daniele. "Maneiras de escrever, maneiras de viver: cartas familiares no século XIX". In: BASTOS, Maria H. Câmara; CUNHA, Maria T. Santos; MIGNOT, Ana C. Venâncio (orgs.). *Destinos das letras: história, educação e escrita epistolar*. Passo Fundo:UPF, 2002, p. 75-87.

DIAS, Maria Odila Leite da Silva. "Teoria e método dos estudos feministas: perspectiva histórica e hermenêutica do cotidiano. In: COSTA, Albertina de Oliveira e BRUSCHINI, Cristina"(org.). *Uma questão de gênero*. São Paulo: Fund. Carlos Chagas/Rosa dos Ventos, 1992, p. 39-53.

_____. *Quotidiano e poder em São Paulo no século XIX*. 2ª ed. rev. São Paulo: Brasiliense, 1995.

ESTRELA, Ely Souza. *Os sampauleiros: quotidiano e representações*. São Paulo: Humanitas, FFCLH-USP:/Fapesp/Educ, 2003.

FERREIRA, Marieta de Moraes. *Correspondência familiar e rede de sociabilidade*. In: GOMES, Ângela de Castro (org.). *Escrita de si, escrita da história*. Rio de Janeiro: Editora FGV, 2004, p. 241-255.

FOUCALT, Michel. *O que é um autor?*. Lisboa: Vega/Passagens, 1992.

GALVÃO, Walnice Nogueira. *Desconversa – ensaios críticos*. Rio de Janeiro: Editora UFRJ, 1998.

Gomes, Ângela de Castro. "Escrita de si, escrita da história: a título de prólogo." In: Gomes, Ângela de Castro (org.). *Escrita de si, escrita da história*. Rio de Janeiro: Editora FGV, 2004.

Goméz, Antônio Castillo. "Como o polvo e camaleão se transformam: modelos e práticas epistolares na Espanha Moderna". In: Bastos, Maria H. Câmara; Cunha, Maria T. Santos; Mignot, Ana C. Venâncio (orgs.) *Destinos das letras: história, educação e escrita epistolar*. Passo Fundo:UPF, 2002, p. 13-52.

Hahner, June E. *Emancipação do sexo feminino: a luta pelos direitos da mulher no Brasil*. 1850 a 1940. Florianópolis: Ed. Mulheres; Santa Cruz do Sul: Edunisc, 2003.

Hareven, Tâmara K. "Tempo de família e tempo histórico". In: *Revista Questões e debates*. Curitiba, n. 5, 1984, p 3-26.

Koselleck, Reinhart. *Futuro passado: contribuição à semântica dos tempos historicos*. Rio de Janeiro: Ed. PUC-Rio, Contraponto, 2006.

Leite, Márcia Maria da Silva Barreiros. *Educação, Cultura e Lazer das Mulheres de Elite em Salvador, 1890-1930*. Dissertação de Mestrado. Salvador, UFBA, 1997.

_____. *Entre a tinta e o papel: memórias de leituras e escritas femininas na Bahia (1870-1920)*. Tese de doutorado. São Paulo, PUC, 2004.

Louro, Guacira Lopes. Mulheres na sala de aula. In: Priore, Mary Del (org.). *História das mulheres no Brasil*. São Paulo: Contexto, 2007, p. 443-481.

Maluf, Marina. *Ruídos da memória*. São Paulo: Siciliano, 1995.

Mattoso, Kátia M. de Queirós. *Bahia, século XIX: uma província no império*. Rio de Janeiro: Nova Fronteira, 1992.

Mott, Maria Lúcia. "Maternalismo, políticas públicas e benemerência no Brasil". In: *Cadernos Pagu*. Campinas, n. 16, 2001. p. 200-234.

_____. "Gênero, medicina e filantropia". In: *Cadernos Pagu*. Campinas, n. 24, 2005, p. 41-67.

Neves, Erivaldo Fagundes. *Uma comunidade sertaneja: da sesmaria ao minifúndio (um estudo de história regional e local)*. Salvador: Editora da UFBA; Feira de Santana: Universidade Estadual de Feira de Santana, 1998.

Nunes, Benedito. *O Tempo na narrativa*. São Paulo: Ática, 1988.

Oliveira, Mônica Ribeiro de. *Negócios de Famílias: mercado, terra e poder na formação da cafeicultura mineira, 1780-1870*. Bauru: Edusc; Juiz de Fora: Funalfa, 2005.

Paoli, Maria Célia. "Memória, história e cidadania: o direito ao passado". In: *O direito à memória: patrimônio histórico e cidadania*. São Paulo: Departamento do Patrimônio Histórico, 1992, p. 25-28.

Parente, Temis Gomes. *O avesso do silêncio: vivências quotidianas das mulheres do século XIX*. Editora da UFG, 2006.

Perrot, Michele. "Práticas da memória feminina". In: *Revista Brasileira de História*, vol. 9, n. 18. São Paulo: ANPUH/Marco Zero, 1989. p 9-18.

_____. *Os excluídos da história: operários, mulheres e prisioneiros*. 2ª ed. São Paulo: Paz e Terra, 1992.

Pires, Maria de Fátima Novaes. *O crime na cor: escravos e forros no Alto Sertão da Bahia (1830-1888)*. São Paulo: Annablume/Fapesp, 2003.

_____. *Fios da vida: tráfico interprovincial e alforrias nos sertoins de sima - Bahia (1860-1920)*. São Paulo: Annablume/ Fapesp, 2009.

RAGO, Elisabeth Juliska. *Outras falas: feminismo e medicina na Bahia (1836-1931)*. São Paulo: Annablume/Fapesp, 2007.

RAGO, Margareth. Epistemologia feminista, gênero e história. In: PEDRO, Joana Maria; GROSSI, Miriam Pillar (orgs.). *Masculino feminino plural*. Florianópolis: Editora Mulheres, 1998, p. 21-41.

REVEL, Jacques. "Microanálise e construção do social". In: REVEL, Jacques (Org.). *Jogos de escalas: a experiência da microanálise*. Rio de Janeiro: Editora da FGV, 1998, p. 15-38.

SALOMON, Marlon. *As correspondências: uma história das cartas e das práticas de escritas no Vale do Itajaí*. Florianópolis: Editora da UFSC, 2002.

SAMARA, Eni de Mesquita. *As mulheres, o poder e a família – São Paulo, século XIX*. São Paulo: Marco Zero/ Secretaria de Estado da Cultura de São Paulo, 1989.

SANTOS, Paulo Henrique Duque. *Cidade e memória: dimensões da vida urbana. Caetité, 1940 – 1960*. Dissertação (Mestrado em História Social), Rio de Janeiro, Unirio, 2001.

SCOTT, Joan Wallach. "Prefácio a gender and politics af history". In: *Cadernos Pagu*. Campinas, n. 3, 1994, p. 11-27.

_____. "Experiência". In: SILVA, Alcione Leite da. LAGO, Maria C. de Souza. RAMOS, Tânia R. O (orgs.). *Falas de gênero: teorias, análises, leituras*. Florianópolis: Editora Mulheres, 1999, p 21-55.

SOIHET, Rachel. "História das mulheres e história de gênero: um depoimento". In: *Cadernos Pagu*. Campinas, n. 11, 1998, p. 77-87.

SWAIN, Tania Navarro. "Mulheres, sujeitos políticos: que diferença em esta?". In: MUNIZ, Diva do Couto Gontijo e SWAIN, Tania Navarro (orgs.). *Mulheres em ação: práticas discursivas, práticas políticas*. Florianópolis: Editora das Mulheres; Belo Horizonte: PUC Minas, 2005. p. 337 a 354.

THOMPSON, E. P. *A Miséria da Teoria*. Rio de Janeiro: Zahar, 1981.

TIN, Emerson (org.). *A arte de escrever cartas*: Antônio de Bolonha, Erasmo de Rotterdam, Justo Lípsio. Campinas: Editora da Unicamp, 2005.

TRINDADE, Etelvina Maria de Castro. *Clotildes ou Marias: mulheres de Curitiba na primeira República*. Curitiba: Fundação Cultural, 1996.

VAZ, Maria Luisa Albiero. *Mulheres da elite cafeeira em São Paulo – conciliação e resistência (1890-1930)*. Dissertação de mestrado. São Paulo, FFLCH-USP, 1995.

VENÂNCIO. Giselle Martins. "Cartas de Lobato a Vianna: uma memória epistolar silenciada pela história". In: GOMES, Ângela de Castro (org.). *Escrita de si, escrita da história*. Rio de Janeiro: Editora FGV, 2004, p. 111-137.

WILLIAMS, Raymond. *O campo e cidade: na história e na literatura*. São Paulo: Companhia das Letras, 1989.